Spansk Køkken for Begyndere
Smagseventyr fra Spanien

Carlos Fernandez

CHOKOLADE PÆRER MED PEBER 25
- INGREDIENSER 25
- FORARBEJDNING 25
- RUND 25

TRE CHOKOLADEKAGE MED KIKKE 26
- INGREDIENSER 26
- FORARBEJDNING 26
- RUND 26

SCHWEIZISK MARENGS 28
- INGREDIENSER 28
- FORARBEJDNING 28
- RUND 28

CREPE MED HASSELNØDDER OG BANANCREME 29
- INGREDIENSER 29
- FORARBEJDNING 29
- RUND 30

CITRONTÆRTE MED CHOKOLADEBUND 31
- INGREDIENSER 31
- FORARBEJDNING 31
- RUND 32

TIRAMISU 33
- INGREDIENSER 33
- FORARBEJDNING 33
- RUND 34

INTXAURSALSA (VALNØDECREME) 35
    INGREDIENSER 35
    FORARBEJDNING 35
    RUND 35
MÆLKEMENGS 36
    INGREDIENSER 36
    FORARBEJDNING 36
    RUND 36
KATTE SPROG 37
    INGREDIENSER 37
    FORARBEJDNING 37
    RUND 37
ORANGE COOKIES 37
    INGREDIENSER 38
    FORARBEJDNING 38
    RUND 38
RISTEDE ÆBLER MED PORTVIN 39
    INGREDIENSER 39
    FORARBEJDNING 39
    RUND 39
KOGT MARENGS 40
    INGREDIENSER 40
    FORARBEJDNING 40
    RUND 40
FLØDE 41
    INGREDIENSER 41

FORARBEJDNING 41

RUND 41

PANNA COTTA SLIK MED LILLA 41

    INGREDIENSER 42

    FORARBEJDNING 42

    RUND 42

CITRUSKIKS 43

    INGREDIENSER 43

    FORARBEJDNING 43

    RUND 44

ÆRMEPASTA 45

    INGREDIENSER 45

    FORARBEJDNING 45

    RUND 45

YOGHURTKAGE 46

    INGREDIENSER 46

    FORARBEJDNING 46

    RUND 46

BANANKOMPOT MED ROSmarin 47

    INGREDIENSER 47

    FORARBEJDNING 47

    RUND 47

creme brulee 48

    INGREDIENSER 48

    FORARBEJDNING 48

    RUND 48

ZIGJØNERARME FYLDT MED CREME 49
    INGREDIENSER 49
    FORARBEJDNING 49
    RUND 49
ÆGEFLAN 50
    INGREDIENSER 50
    FORARBEJDNING 50
    RUND 50
JORDBÆR CAVA JELLY 51
    INGREDIENSER 51
    FORARBEJDNING 51
    RUND 51
donuts 52
    INGREDIENSER 52
    FORARBEJDNING 52
    RUND 52
SAN JUAN COCA 53
    INGREDIENSER 53
    FORARBEJDNING 53
BOLOGNA Sauce 54
    INGREDIENSER 54
    FORARBEJDNING 54
    RUND 55
HVID BULLING (KYLLING ELLER OKSE) 56
    INGREDIENSER 56
    FORARBEJDNING 56

RUND 56
TOMATER 57
    INGREDIENSER 57
    FORARBEJDNING 57
    RUND 57
ROBERT SAUCE 58
    INGREDIENSER 58
    FORARBEJDNING 58
    RUND 58
PINK SAUCE 59
    INGREDIENSER 59
    FORARBEJDNING 59
    RUND 59
FISKETASKE 60
    INGREDIENSER 60
    FORARBEJDNING 60
    RUND 60
Tysk sauce 61
    INGREDIENSER 61
    FORARBEJDNING 61
    RUND 61
MODIG SAUCE 62
    INGREDIENSER 62
    FORARBEJDNING 62
    RUND 63
SORT BULLING (KYLLING ELLER OKSE) 64

- INGREDIENSER 64
- FORARBEJDNING 64
- RUND 65
- MOJO PIKON 66
  - INGREDIENSER 66
  - FORARBEJDNING 66
  - RUND 66
- PESTOSAUCE 67
  - INGREDIENSER 67
  - FORARBEJDNING 67
  - RUND 67
- SUR SØD SOCE 68
  - INGREDIENSER 68
  - FORARBEJDNING 68
  - RUND 68
- GRØNNE MOJITOS 69
  - INGREDIENSER 69
  - FORARBEJDNING 69
  - RUND 69
- BESAMMELLASAUCE 70
  - INGREDIENSER 70
  - FORARBEJDNING 70
  - RUND 70
- SAUCEJÆGER 71
  - INGREDIENSER 71
  - FORARBEJDNING 71

RUND 71
AIOLI Sauce 72
    INGREDIENSER 72
    FORARBEJDNING 72
    RUND 72
AMERIKANSK Sauce 73
    INGREDIENSER 73
    FORARBEJDNING 73
    RUND 74
DAWN Sauce 75
    INGREDIENSER 75
    FORARBEJDNING 75
    RUND 75
BARBECUE Sauce 76
    INGREDIENSER 76
    FORARBEJDNING 76
    RUND 77
BERNESESAUCE 78
    INGREDIENSER 78
    FORARBEJDNING 78
    RUND 78
CARBONARA-SAUCE 79
    INGREDIENSER 79
    FORARBEJDNING 79
    RUND 79
LÆKKER Sauce 80

INGREDIENSER 80
FORARBEJDNING 80
RUND 80
CUMBERLAND Sauce 81
INGREDIENSER 81
FORARBEJDNING 81
RUND 82
KARRYSAUCE 83
INGREDIENSER 83
FORARBEJDNING 83
RUND 84
HVIDLØGSSAUS 85
INGREDIENSER 85
FORARBEJDNING 85
RUND 85
BARE SAUCE 86
INGREDIENSER 86
FORARBEJDNING 86
RUND 86
CIDERSAUCE 87
INGREDIENSER 87
FORARBEJDNING 87
RUND 87
KETCHUP 88
INGREDIENSER 88
FORARBEJDNING 88

RUND 89
PEDRO XIMENEZ VINSAUCE 90
    INGREDIENSER 90
    FORARBEJDNING 90
    RUND 90
FLØDESAUCE 91
    INGREDIENSER 91
    FORARBEJDNING 91
    RUND 91
MAJONNAISE MAJONNAISE 92
    INGREDIENSER 92
    FORARBEJDNING 92
    RUND 92
YOGHURT OG DILLSAUCE 93
    INGREDIENSER 93
    FORARBEJDNING 93
    RUND 93
DJÆVELSAUCE 94
    INGREDIENSER 94
    FORARBEJDNING 94
    RUND 94
SPANSK Sauce 95
    INGREDIENSER 95
    FORARBEJDNING 95
    RUND 95
HOLLANDESESAUCE 96

- INGREDIENSER 96
- FORARBEJDNING 96
- RUND 96
- ITALIENSK DRESSING 97
  - INGREDIENSER 97
  - FORARBEJDNING 97
  - RUND 97
- MOUSSELINESAUCE 99
  - INGREDIENSER 99
  - FORARBEJDNING 99
  - RUND 99
- REMOULERET SAUCE 100
  - INGREDIENSER 100
  - FORARBEJDNING 100
  - RUND 100
- BIZCAINE Sauce 101
  - INGREDIENSER 101
  - FORARBEJDNING 101
  - RUND 101
- RØD SAUCE 102
  - INGREDIENSER 102
  - FORARBEJDNING 102
  - RUND 102
- MORNAYSAUCE 103
  - INGREDIENSER 103
  - FORARBEJDNING 103

RUND 103

ROMASCO Sauce 104

    INGREDIENSER 104

    FORARBEJDNING 104

    RUND 105

SOBIZA Sauce 106

    INGREDIENSER 106

    FORARBEJDNING 106

    RUND 106

TARTARSAUCE 107

    INGREDIENSER 107

    FORARBEJDNING 107

    RUND 107

KARAMELSAUCE 108

    INGREDIENSER 108

    FORARBEJDNING 108

    RUND 108

SUPPE 109

    INGREDIENSER 109

    FORARBEJDNING 109

    RUND 109

FLØJELSSAUCE 110

    INGREDIENSER 110

    FORARBEJDNING 110

    RUND 110

SAUCEDRESSING 111

INGREDIENSER 111
FORARBEJDNING 111
RUND 111
RØDE FRUGTER I SØD VIN MED MYNTE 112
INGREDIENSER 112
FORARBEJDNING 112
RUND 112
RUND 113
KYLLINGEPINDE MED WHISKY 114
INGREDIENSER 114
FORARBEJDNING 114
RUND 114
STEGT AND 114
INGREDIENSER 115
FORARBEJDNING 115
RUND 115
VILLAROY KYLLINGEBRYST 117
INGREDIENSER 117
FORARBEJDNING 117
RUND 118
KYLLINGEBRYST MED CITRONSENNEP 119
INGREDIENSER 119
FORARBEJDNING 119
RUND 120
BISTET GAUNETTE MED CIRUDAS OG SVAMPE 121
INGREDIENSER 121

FORARBEJDNING 121

RUND 122

VILLAROY KYLLINGEBRYST FYLDT MED KARAMELISEREDE PIQUILLOS MED MODENA Eddike 123

    INGREDIENSER 123

    FORARBEJDNING 123

    RUND 124

KYLLINGEBRYST FYLDT MED BACON, SVAMPE OG OST 125

    INGREDIENSER 125

    FORARBEJDNING 125

    RUND 126

SØD VINKYLLING MED BLOMME 127

    INGREDIENSER 127

    FORARBEJDNING 127

    RUND 128

ORANGE KYLLINGEBRYST MED CASHEWNØDDER 129

    INGREDIENSER 129

    FORARBEJDNING 129

    RUND 129

SYLTET RAPØN 130

    INGREDIENSER 130

    FORARBEJDNING 130

    RUND 130

KYLLINGJÆGER 131

    INGREDIENSER 131

    FORARBEJDNING 131

RUND 132
COCA COLA STIL KYLLINGEVINGER 133
    INGREDIENSER 133
    FORARBEJDNING 133
    RUND 133
HVIDLØGSKYLLING 134
    INGREDIENSER 134
    FORARBEJDNING 134
    RUND 135
KYLLING BARN 136
    INGREDIENSER 136
    FORARBEJDNING 136
    RUND 137
MARINERET MED VAGTEL OG RØDE FRUGTER 138
    INGREDIENSER 138
    FORARBEJDNING 138
    RUND 139
CITRONKYLLING 140
    INGREDIENSER 140
    FORARBEJDNING 140
    RUND 141
SAN JACOBO KYLLING MED SERRANO SKINKE, BRYLLUPSKAGE OG ARUCULA 142
    INGREDIENSER 142
    FORARBEJDNING 142
    RUND 142

BAGET KYLLING KARRY 143

    INGREDIENSER 143

    FORARBEJDNING 143

    RUND 143

KYLLING I RØDVIN 144

    INGREDIENSER 144

    FORARBEJDNING 144

    RUND 145

STEGT KYLLING MED SORT ØL 146

    INGREDIENSER 146

    FORARBEJDNING 146

    RUND 146

CHOKOLADEGÅR 148

    INGREDIENSER 148

    FORARBEJDNING 148

    RUND 149

RISTET KVARTALTACO MED RØD FRUGTSAUCE 150

    INGREDIENSER 150

    FORARBEJDNING 150

    RUND 151

STEGT KYLLING MED FERSKENSAUCE 152

    INGREDIENSER 152

    FORARBEJDNING 152

    RUND 153

KYLLINGFILET FYLDT MED SPINAT OG MOZZARELLA 154

    INGREDIENSER 154

FORARBEJDNING 154

RUND 154

STEGT KYLLING MED CAVA 155

INGREDIENSER 155

FORARBEJDNING 155

RUND 155

KYLLINGESPYD MED PEANUTSAUCE 156

INGREDIENSER 156

FORARBEJDNING 156

RUND 157

KYLLING A LA PEPITORIA 158

INGREDIENSER 158

FORARBEJDNING 158

RUND 159

ORANGE KYLLING 160

INGREDIENSER 160

FORARBEJDNING 160

RUND 161

STUGET KYLLING MED PORCINI 162

INGREDIENSER 162

FORARBEJDNING 162

RUND 163

SURTERET KYLLING MED NØDDER OG SOJA 164

INGREDIENSER 164

FORARBEJDNING 164

RUND 165

CHOKOLADEKYLLING MED RISTEDE MANDLER 166
    INGREDIENSER 166
    FORARBEJDNING 166
    RUND 167
LAMMESPYD MED SENNEP OG PAPRIKA VINAIGRETTE 168
    INGREDIENSER 168
    FORARBEJDNING 168
    RUND 169
OKSEBRYST FYLDT MED PORTVIN 170
    INGREDIENSER 170
    FORARBEJDNING 170
    RUND 171
MADRID FRIKKADELLER 172
    INGREDIENSER 172
    FORARBEJDNING 173
    RUND 173
OKSEKIND MED CHOKOLADE 174
    INGREDIENSER 174
    FORARBEJDNING 174
    RUND 175
SVINE CONFIT-TÆRTE MED SØD VINSAUCE 176
    INGREDIENSER 176
    FORARBEJDNING 176
    RUND 177
MÆRKET KANIN 178
    INGREDIENSER 178

FORARBEJDNING 178

RUND 179

PEPITORIA FRIKKADELLER I HASSELNØDDSAUCE 180

    INGREDIENSER 180

    FORARBEJDNING 181

    RUND 181

KALVKOTETELETTER MED SORT ØL 182

    INGREDIENSER 182

    FORARBEJDNING 182

    RUND 183

MADRLETIAN CALLOS 184

    INGREDIENSER 184

    FORARBEJDNING 184

    RUND 185

STIGT SVINELAM MED ÆBLER OG MYNTE 186

    INGREDIENSER 186

    FORARBEJDNING 186

    RUND 187

KYLLINGEFRIKADELLER MED HINDBÆRSAUCE 188

    INGREDIENSER 188

    FORARBEJDNING 189

    RUND 189

Lammegryderet 190

    INGREDIENSER 190

    FORARBEJDNING 190

    RUND 191

hare civet 192
    INGREDIENSER 192
    FORARBEJDNING 192
    RUND 193
KANIN MED PIPERRADA 194
    INGREDIENSER 194
    FORARBEJDNING 194
    RUND 194
KYLLINGEFRIKADELLER FYLDT MED OST MED KARRYSAUCE .. 195
    INGREDIENSER 195
    FORARBEJDNING 196
    RUND 196
PUDER MED RØDVIN 197
    INGREDIENSER 197
    FORARBEJDNING 197
    RUND 198
SVIN NAVARRE 199
    INGREDIENSER 199
    FORARBEJDNING 199
    RUND 199
OKSESTEV MED PEANUTSAUCE 200
    INGREDIENSER 200
    FORARBEJDNING 200
    RUND 201
BRÆNDT GRIS 202
    INGREDIENSER 202

FORARBEJDNING 202

　　RUND 202

STEGT KÅL 203

　　INGREDIENSER 203

　　FORARBEJDNING 203

　　RUND 204

JAGT KANIN 205

　　INGREDIENSER 205

　　FORARBEJDNING 205

　　RUND 206

MADRID KAVESKALA 207

　　INGREDIENSER 207

　　FORARBEJDNING 208

　　RUND 208

KANINSAUCE MED SVAMPE 209

　　INGREDIENSER 209

　　FORARBEJDNING 209

　　RUND 210

IBERISK SVINERIB MED HVIDVIN OG HONNING 211

　　INGREDIENSER 211

　　FORARBEJDNING 212

　　RUND 212

CHOKOLADE PÆRER MED PEBER

INGREDIENSER

150 g chokolade

85 g sukker

½ liter mælk

4 pærer

1 kanelstang

10 peberkorn

FORARBEJDNING

Skræl pærerne uden at fjerne stilken. Kog dem i mælk med sukker, kanelstænger og peberkorn i 20 minutter.

Fjern pærerne, filtrer mælken og tilsæt chokoladen. Reducer, under konstant omrøring, indtil det er tyknet. Server pærerne med chokoladesovsen.

RUND

Når pærerne er kogt, åbner du dem på langs, fjerner kernehuset og pynter med mascarpone og sukker. Luk og sæson. Charmerende.

TRE CHOKOLADEKAGE MED KIKKE

INGREDIENSER

150 g hvid chokolade

150 g mørk chokolade

150 g mælkechokolade

450 ml fløde

450 ml mælk

4 spsk smør

1 pakke Maria kiks

3 poser ostemasse

FORARBEJDNING

Smuldr kagerne og smelt smørret. Bland småkagerne med smørret og lav bunden af kagen i en aftagelig form. Lad hvile i fryseren i 20 min.

Varm imens 150 g mælk, 150 g fløde og 150 g af en af chokoladerne op i en skål. Så snart det begynder at koge, fortynd 1 kuvert ostemasse i et glas med lidt mælk og tilsæt blandingen i beholderen. Fjern så snart den er kogt igen.

Kom den første chokolade på småkagedejen og gem den i fryseren i 20 min.

Gør det samme med en anden chokolade og læg den ovenpå det første lag. Og gentag operationen med den tredje chokolade. Lad hvile i fryseren eller køleskabet indtil servering.

RUND

Andre chokolader kan bruges, såsom mynte eller appelsin.

SCHWEIZISK MARENGS

INGREDIENSER

250 g sukker

4 æggehvider

en knivspids salt

et par dråber citronsaft

FORARBEJDNING

Pisk æggehviderne med stængerne til de har en fast konsistens. Tilsæt citronsaft, en knivspids salt og sukkeret lidt efter lidt og uden at stoppe med at piske.

Når du er færdig med at tilsætte sukkeret, pisk i yderligere 3 minutter.

RUND

Når de piskede æggehvider er stive, taler vi om point de pointe eller point de neige.

CREPE MED HASSELNØDDER OG BANANCREME

INGREDIENSER

100 g mel

25 g smør

25 g sukker

1½ dl mælk

8 spiseskefulde hasselnøddecreme

2 spsk rom

1 spsk flormelis

2 bananer

1 æg

½ kuvert gær

FORARBEJDNING

Pisk æg, gær, rom, mel, sukker og mælk sammen. Lad hvile i køleskabet i 30 minutter.

Varm smørret op ved lav varme i en nonstick-gryde og fordel et tyndt lag dej over hele overfladen. Vend indtil let gylden.

Skræl og skær plantainerne i skiver. Fordel 2 spsk hasselnøddecreme og ½ banan på hver pandekage. Luk i form af et lommetørklæde og drys med flormelis.

RUND

Pandekager kan laves i forvejen. Når de er indtaget er det nok at varme dem i en gryde med lidt smør på begge sider.

CITRONTÆRTE MED CHOKOLADEBUND

INGREDIENSER

400 ml mælk

300 g sukker

250 g mel

125 g smør

50 g kakao

50 g majsstivelse

5 æggeblommer

saft af 2 citroner

FORARBEJDNING

Bland mel, smør, 100 g sukker og kakao, indtil du får en sandet blanding. Tilsæt derefter vand, indtil du får en dej, der ikke klistrer til dine hænder. Beklæd en form, hæld denne creme på og bag ved 170°C i 20 minutter.

Alternativt varmes mælken op. Pisk imens æggeblommerne og resten af sukkeret til det er let hvidt. Tilsæt derefter majsstivelsen og bland med mælken. Varm op uden at holde op med at røre, indtil det tykner. Tilsæt citronsaften og fortsæt med at blande.

Saml tærten, der fylder bunden med cremen. Lad hvile i køleskabet i 3 timer inden servering.

RUND

Tilføj et par mynteblade til citroncremen for at give kagen det perfekte strejf af friskhed.

TIRAMISU

INGREDIENSER

500 g mascarpone

120 g sukker

1 pakke kiks

6 æg

Amaretto (eller ristet rom)

1 højt glas med kaffemaskine (sødet efter smag)

kakaopulver

salt

FORARBEJDNING

Adskil æggehvider og æggeblommer. Pisk æggeblommerne og tilsæt halvdelen af sukkeret og mascarponen. Slå med omsluttende bevægelser og reserver. Pisk æggehviderne stive (eller stive) med en knivspids salt. Når de næsten er samlet tilsættes den anden halvdel af sukkeret og samles færdig. Bland blommer og hvider forsigtigt og med omsluttende bevægelser.

Dyp kagerne i kaffen og spiritus på begge sider (uden at lade dem blive for våde) og læg dem i bunden af en beholder.

Fordel et lag æggecreme og ost over kiksene. Vi dypper soletilla-kagerne igen og monterer dem på dejen. Afslut med ostepastaen og drys med kakaopulver.

RUND

Spis om natten eller bedre to dage efter tilberedning.

INTXAURSALSA (VALNØDECREME)

INGREDIENSER

125 g afskallede valnødder

100 g sukker

1 liter mælk

1 lille kanelstang

FORARBEJDNING

Kog mælken op med kanel og tilsæt sukker og de hakkede nødder.

Lad det simre i 2 timer og lad det køle af inden servering.

RUND

Den skal have en konsistens svarende til risengrød.

MÆLKEMENGS

INGREDIENSER

175 g sukker

1 liter mælk

skal af 1 citron

1 kanelstang

3 eller 4 æggehvider

Kanelpulver

FORARBEJDNING

Varm mælken op med kanelstang og citronskal ved svag varme, indtil det begynder at koge. Tilsæt straks sukkeret og kog i yderligere 5 minutter. Gem og lad afkøle i køleskabet.

Når de er kolde, monteres æggehviderne stive og mælken tilsættes med omsluttende bevægelser. Server med stødt kanel.

RUND

For en uovertruffen granita skal du opbevare den i fryseren og skrabe den hver time med en gaffel, indtil den er helt frossen.

KATTE SPROG

INGREDIENSER

350 g løst mel

250 g blødgjort smør

250 g flormelis

5 æggehvider

1 æg

vaniljesmag

salt

FORARBEJDNING

I en skål putter vi smør, flormelis, en knivspids salt og lidt vaniljeessens. Pisk godt og tilsæt ægget. Fortsæt med at piske og tilsæt æggehviderne én efter én uden at stoppe med at piske. Tilsæt melet på én gang uden at blande for meget.

Gem cremen i en dyse med glat spids og lav strimler på ca. 10 cm. Bank pladen mod bordet, så dejen breder sig og steg ved 200°C til kanterne er godt brune.

RUND

Tilsæt 1 spiseskefuld kokospulver til dejen for at lave forskellige kattetunger.

ORANGE COOKIES

INGREDIENSER

220 g mel

200 g sukker

4 æg

1 lille appelsin

1 i gær

Kanelpulver

220 g solsikkeolie

FORARBEJDNING

Bland æggene med sukker, kanel og appelsinskal og saft.

Tilsæt olien og bland. Tilsæt sigtet mel og bagepulver. Lad denne blanding hvile i 15 minutter og hæld i cupcake forme.

Forvarm ovnen til 200°C og bag i 15 minutter, indtil den er gennemstegt.

RUND

Du kan tilføje chokoladechips til dejen.

RISTEDE ÆBLER MED PORTVIN

INGREDIENSER

80 g smør (i 4 stykker)

8 spiseskefulde portvin

4 spiseskefulde sukker

4 pippin æbler

FORARBEJDNING

Skræl æblerne. Fyld med sukker og kom smør ovenpå.

Kog i 30 minutter ved 175°C. Efter denne tid, drys hvert æble med 2 spsk portvin og kog i 15 minutter mere.

RUND

Serveres varm med en kugle vaniljeis og dryp med saften, der er frigivet.

KOGT MARENGS

INGREDIENSER

400 g granuleret sukker

100 g flormelis

¼ liter æggehvider

dråber citronsaft

FORARBEJDNING

Pisk æggehviderne i en dobbelt kedel med citronsaft og sukker, indtil det er godt blandet. Fjern fra varmen og fortsæt med at piske (efterhånden som temperaturen falder, vil marengsen tykne).

Tilsæt flormelis og pisk videre til marengsen er helt kold.

RUND

Den kan bruges til at dække kager og lave pynt. Må ikke overstige 60 ºC, så æggehviden ikke stivner.

FLØDE

INGREDIENSER

170 g sukker

1 liter mælk

1 spsk majsstivelse

8 æggeblommer

skal af 1 citron

Kanel

FORARBEJDNING

Kog mælken op med citronskal og halvdelen af sukkeret. Dæk til, så snart det koger, og lad det stå af varmen.

Separat pisk æggeblommerne med det resterende sukker og majsstivelse i en skål. Tilsæt en fjerdedel af den kogte mælk og fortsæt med at røre.

Tilsæt æggeblommeblandingen til resten af mælken og kog under konstant omrøring.

Ved første opkog pisk med et piskeris i 15 sekunder. Fjern fra varmen og fortsæt med at piske i yderligere 30 sekunder. Filtrer og lad afkøle. Drys med kanel.

RUND

For at lave flan, chokolade, knuste småkager, kaffe, strimlet kokos, osv., skal du blot tilføje din ønskede smag uden for varmen og mens den er varm.

PANNA COTTA SLIK MED LILLA

INGREDIENSER

150 g) Sukker

100 g lilla slik

½ liter fløde

½ liter mælk

9 gelatineplader

FORARBEJDNING

Fugt gelatinepladerne med koldt vand.

Varm fløde, mælk, sukker og karameller op i en gryde til det er smeltet.

Når det er slukket, tilsæt gelatinen og bland indtil det er helt opløst.

Hæld i forme og stil på køl i mindst 5 timer.

RUND

Du kan variere denne opskrift ved at inkorporere kaffebolcher, karamel osv.

CITRUSKIKS

INGREDIENSER

220 g blødt smør

170 g mel

55 g flormelis

35 g majsstivelse

5 g appelsinskal

5 g citronskal

2 spsk appelsinjuice

1 spsk citronsaft

1 æggehvide

vaniljesmag

FORARBEJDNING

Bland meget langsomt smør, æggehvide, appelsinsaft, citronsaft, citrusskal og en knivspids vaniljeessens sammen. Bland og tilsæt sigtet mel og majsstivelse.

Læg dejen i en dyse med en rund dyse og tegn 7 cm cirkler på bagepapiret. Bages i 15 minutter ved 175°C.

Drys kagerne med pulveriseret sukker.

RUND

Tilsæt stødt nelliker og ingefær til dejen. Resultatet er fremragende.

ÆRMEPASTA

INGREDIENSER

550 g løst mel

400 g blødt smør

200 g flormelis

125 g mælk

2 æg

vaniljesmag

salt

FORARBEJDNING

Bland mel, sukker, en knivspids salt og en knivspids vaniljeessens. Tilsæt de ikke særlig kolde æg et efter et. Dyp i den let lune mælk og tilsæt det sigtede mel.

Læg dejen i en dyse med en cirkulær dyse og hæld lidt på bagepapir. Bages ved 180°C i 10 minutter.

RUND

Du kan tilføje nogle granulerede mandler udenpå, bade dem i chokolade eller stikke kirsebær på dem.

YOGHURTKAGE

INGREDIENSER

375 g mel

250 g almindelig yoghurt

250 g sukker

1 kuvert bagepulver

5 æg

1 lille appelsin

1 citron

125 g solsikkeolie

FORARBEJDNING

Pisk æg og sukker med en røremaskine i 5 min. Bland med yoghurt, olie, citrusskal og juice.

Sigt mel og gær og tilsæt dem til yoghurten.

Smør og mel en form. Hæld dejen og bag ved 165 ºC i ca. 35 min.

RUND

Brug yoghurt med smag til at lave forskellige cookies.

BANANKOMPOT MED ROSmarin

INGREDIENSER

30 g smør

1 kvist rosmarin

2 bananer

FORARBEJDNING

Skræl og skær plantainerne i skiver.

Læg dem i en gryde, dæk til og kog over meget lav varme med smør og rosmarin, indtil bananen ligner en kompot.

RUND

Denne kompot passer godt til både svinekoteletter og brownie. Du kan tilføje 1 spsk sukker under madlavning for at gøre det sødere.

creme brulee

INGREDIENSER

100 g rørsukker

100 g hvidt sukker

400cl fløde

300cl mælk

6 æggeblommer

1 vaniljestang

FORARBEJDNING

Åbn vaniljestangen og tag kernerne ud.

I en skål piskes mælken med hvidt sukker, æggeblommerne, fløden og vaniljestangen. Fyld individuelle forme med denne blanding.

Forvarm ovnen til 100°C og bag den i bain-marie i 90 min. Når det er koldt, drys med brun farin og brænd med en lommelygte (eller forvarm ovnen til det maksimale i grilltilstand og kog, indtil sukkeret brænder lidt).

RUND

Tilsæt 1 spiseskefuld instant kakao til fløde eller mælk for en lækker kakao crème brûlée.

ZIGJØNERARME FYLDT MED CREME

INGREDIENSER

250 g chokolade

125 g sukker

½ liter fløde

Soletilla Cookie (se afsnittet Desserter)

FORARBEJDNING

Lav en svampekage med en mariehøne. Fyld med flødeskum og rul op på sig selv.

I en gryde bringes sukkeret i kog med 125 g vand. Tilsæt chokoladen, lad den smelte i 3 minutter under konstant omrøring, og dæk rullen med den. Lad stå inden servering.

RUND

For at nyde en endnu mere komplet og lækker dessert, tilsæt små stykker frugt til cremen i sirup.

ÆGEFLAN

INGREDIENSER

200 g sukker

1 liter mælk

8 æg

FORARBEJDNING

Lav en karamel med sukkeret ved svag varme og uden omrøring. Når det tager en ristet farve, tages det af varmen. Fordel i individuelle flaner eller i en hvilken som helst form.

Pisk mælk og æg, undgå skum. Hvis det dukker op, før du lægger det i formene, skal du fjerne det helt.

Hæld karamellen over og kog den i bain-marie ved 165°C i cirka 45 minutter, eller indtil en nål prikker den ren ud.

RUND

Den samme opskrift bruges til at lave en lækker budding. Du skal bare tilføje croissanter, muffins, kiks... fra dagen før til blandingen.

JORDBÆR CAVA JELLY

INGREDIENSER

500 g sukker

150 g jordbær

1 flaske mousserende vin

½ kuvert med gelatineplader

FORARBEJDNING

Varm cava og sukker op i en gryde. Fjern den tidligere hydrerede gelatine i koldt vand fra varmen.

Server i martiniglas med jordbærene og stil dem i køleskabet, indtil de er stivnet.

RUND

Den kan også laves med enhver sød vin og med røde frugter.

donuts

INGREDIENSER

150 g mel

30 g smør

250 ml mælk

4 æg

1 citron

FORARBEJDNING

Bring mælk og smør i kog sammen med citronskal. Når det koger, fjern skindet og tilsæt melet med det samme. Sluk for varmen og rør i 30 sekunder.

Vend tilbage til varmen og rør i endnu et minut, indtil dejen klæber til siderne af skålen.

Hæld dejen i en skål og tilsæt æggene et ad gangen (tilsæt ikke det næste, før det forrige er godt integreret i dejen).

Brug en sprøjtepose eller 2 skeer til at brune donuts i små portioner.

RUND

Den kan fyldes med fløde, fløde, chokolade mv.

SAN JUAN COCA

INGREDIENSER

350 g mel

100 g smør

40 g pinjekerner

250 ml mælk

1 kuvert bagepulver

skal af 1 citron

3 æg

sukker

salt

FORARBEJDNING

Sigt mel og bagepulver. Bland og lav en vulkan. Kom skrællen, 110 g sukker, smør, mælk, æg og en knivspids salt i midten. Ælt godt, indtil dejen ikke klistrer til dine hænder.

Stræk med en rulle, indtil du får en fin rektangulær form. Læg dem på en bageplade beklædt med bagepapir og lad dem hvile i 30 minutter.

Pensl colaen med æg, drys pinjekerner og 1 spsk sukker. Bages ved 200 ºC i ca 25 min.

BOLOGNA Sauce

INGREDIENSER

600 g hakkede tomater

500 g hakket kød

1 glas rødvin

3 gulerødder

2 selleristænger (valgfrit)

2 fed hvidløg

1 løg

oprindelse

sukker

Olivenolie

Salt og peber

FORARBEJDNING

Hak løg, hvidløg, selleristængler og gulerødder fint. Brun og når grøntsagerne er møre tilsættes kødet.

Smag til og hæld over vinen, når kødets lyserøde farve forsvinder. Lad det reducere i 3 minutter ved høj varme.

Tilsæt den knuste tomat og kog ved svag varme i 1 time. Til sidst tilsættes salt og sukker og smag til med oregano.

RUND

Bolognese forbindes altid med pasta, men det passer meget godt til rispilaf.

HVID BULLING (KYLLING ELLER OKSE)

INGREDIENSER

1 kg okse- eller kyllingeben

1dl hvidvin

1 stilk selleri

1 kvist timian

2 søm

1 laurbærblad

1 ren porre

1 ren gulerod

½ løg

15 sorte peberkorn

FORARBEJDNING

Kom alle ingredienserne i en gryde. Dæk med vand og kog over medium varme. Når det begynder at koge, drænes det. Kog i 4 timer.

Filtrer og overfør til en anden beholder. Opbevar hurtigt i køleskabet.

RUND

Salt ikke før brug, da det er mere tilbøjeligt til at fordærve. Den bruges som bouillonbase til tilberedning af saucer, supper, risretter, gryderetter mv.

TOMATER

INGREDIENSER

1 kg tomater

120 g løg

2 fed hvidløg

1 kvist rosmarin

1 kvist timian

sukker

1 dl olivenolie

salt

FORARBEJDNING

Skær løg og hvidløg i små stykker. Brun forsigtigt i 10 minutter i en gryde.

Skær cherrytomater og kom dem i gryden med de aromatiske krydderurter. Kog indtil tomaterne mister alt deres vand.

Salt og peber og juster eventuelt sukkeret.

RUND

Den kan laves i forvejen og opbevares i køleskabet i en lufttæt beholder.

ROBERT SAUCE

INGREDIENSER

200 g forårsløg

100 g smør

½ liter kødbouillon

¼ liter hvidvin

1 spiseskefuld mel

1 spsk sennep

Salt og peber

FORARBEJDNING

Steg det hakkede løg i smør. Tilsæt melet og kog ved svag varme i 5 min.

Hæv varmen, tilsæt vinen og reducer til det halve under konstant omrøring.

Tilsæt bouillon og kog yderligere 5 minutter. Når det er slukket, tilsættes sennep og smag til med salt og peber.

RUND

Ideel til at ledsage svinekød.

PINK SAUCE

INGREDIENSER

250 g mayonnaisesauce (se afsnittet Bouillon og saucer)

2 spsk tomatsauce

2 spsk cognac

½ appelsinjuice

Tabasco

Salt og peber

FORARBEJDNING

Bland mayonnaise, ketchup, brandy, juice, en knivspids tabasco, salt og peber. Pisk godt indtil du får en jævn sauce.

RUND

For at gøre saucen mere homogen tilsættes ½ spsk sennep og 2 spsk flydende fløde.

FISKETASKE

INGREDIENSER

500 g ben eller hoveder af hvid fisk

1dl hvidvin

1 kvist persille

1 porre

½ lille løg

5 pebernødder

FORARBEJDNING

Kom alle ingredienserne i en gryde og dæk med 1 liter koldt vand. Kog over medium varme i 20 minutter uden at stoppe med at skumme.

Filtrer, skift beholderen og opbevar hurtigt i køleskabet.

RUND

Salt ikke før brug, da det er mere tilbøjeligt til at fordærve. Det er bunden af saucer, risretter, supper mv.

Tysk sauce

INGREDIENSER

35 g smør

35 g mel

2 æggeblommer

½ liter bouillon (fisk, kød, fjerkræ osv.)

salt

FORARBEJDNING

Brun melet i smørret ved svag varme i 5 minutter. Tilsæt bouillon på én gang og kog over medium varme i yderligere 15 minutter under konstant omrøring. Smag til med salt.

Fjern fra varmen, og fortsæt med at piske, tilsæt æggeblommerne.

RUND

Varm ikke for meget op for ikke at koagulere blommerne.

MODIG SAUCE

INGREDIENSER

750 g stegte cherrytomater

1 lille glas hvidvin

3 spiseskefulde eddike

10 rå mandler

10 peberfrugter

5 skiver brød

3 fed hvidløg

1 løg

sukker

Olivenolie

salt

FORARBEJDNING

Brun det hele hvidløg i en gryde. Træk tilbage og reserver. Brun mandlerne i samme olie. Træk tilbage og reserver. Steg brødet i samme pande. Træk tilbage og reserver.

I samme olie steges det julienerede løg med peberfrugterne. Når det er kogt, fugtes det med eddike og glasset vin. Lad det reducere i 3 minutter ved høj varme.

Tilsæt tomat, hvidløg, mandler og brød. Kog i 5 minutter under omrøring og tilsæt eventuelt salt og sukker.

RUND

Den kan fryses i individuelle isterningbakker og kun bruges efter behov.

SORT BULLING (KYLLING ELLER OKSE)

INGREDIENSER

5 kg okse- eller kyllingeben

500 g tomater

250 g gulerødder

250 g porrer

125 g løg

½ liter rødvin

5 liter koldt vand

1 from kvist

3 laurbærblade

2 kviste timian

2 kviste rosmarin

15 peberkorn

FORARBEJDNING

Kog knoglerne ved 185°C, indtil de er let ristede. Tilsæt grøntsagerne rensede og skåret i mellemstore stykker til samme gryde. Brun grøntsagerne.

Læg benene og grøntsagerne i en stor gryde. Tilsæt vin og krydderurter, og tilsæt derefter vandet. Kog i 6 timer ved lav varme, og skum fra tid til anden. Filtrer og lad afkøle.

RUND

Det er bunden af mange saucer, gryderetter, risottoer, supper osv. Når bouillonen er kold, forbliver fedtet størknet på toppen. Dette gør det nemmere at fjerne.

MOJO PIKON

INGREDIENSER

8 spiseskefulde eddike

2 tsk spidskommen frø

2 teskefulde sød paprika

2 hoveder hvidløg

3 cayennepeber

30 spiseskefulde olie

groft salt

FORARBEJDNING

Knus alle de faste ingredienser, undtagen paprikaen, i en morter, indtil du får en pasta.

Tilsæt paprikaen og fortsæt med puréen. Tilsæt væsken lidt efter lidt, indtil du får en jævn og emulgeret sauce.

RUND

Ideel til at ledsage de berømte rynkede kartofler og også til grillet fisk.

PESTOSAUCE

INGREDIENSER

100 g pinjekerner

100 g parmesan

1 bundt frisk basilikum

1 fed hvidløg

sød olivenolie

FORARBEJDNING

Blend alle ingredienserne uden at efterlade dem meget homogene, så pinjekernernes sprødhed kan mærkes.

RUND

Du kan erstatte pinjekernerne med valnødder og basilikummet med frisk rucola. Oprindeligt er den lavet i mørtel.

SUR SØD SOCE

INGREDIENSER

100 g sukker

100 ml eddike

50 ml sojasovs

skal af 1 citron

skal af 1 appelsin

FORARBEJDNING

Kog sukker, eddike, sojasauce og citrusskal 10 min. Lad afkøle før brug.

RUND

Det er det perfekte tilbehør til forårsruller.

GRØNNE MOJITOS

INGREDIENSER

8 spiseskefulde eddike

2 tsk spidskommen frø

4 grønne peberkugler

2 hoveder hvidløg

1 bundt persille eller koriander

30 spiseskefulde olie

groft salt

FORARBEJDNING

Bland alle faste stoffer, indtil der dannes en pasta.

Tilsæt væsken lidt efter lidt, indtil du får en jævn og emulgeret sauce.

RUND

Den kan uden problemer opbevares tildækket med plastfolie, på køl i køleskabet i et par dage.

BESAMMELLASAUCE

INGREDIENSER

85 g smør

85 g mel

1 liter mælk

Muskatnød

Salt og peber

FORARBEJDNING

Smelt smørret i en gryde, tilsæt mel og kog ved svag varme i 10 minutter under konstant omrøring.

Tilsæt mælken på én gang og kog i yderligere 20 minutter. Bliv ved med at blande. Smag til med salt, peber og muskatnød.

RUND

For at undgå, at der dannes klumper, koger du melet sammen med smørret ved svag varme og fortsætter med at piske, indtil blandingen bliver næsten flydende.

SAUCEJÆGER

INGREDIENSER

200 g svampe

200 g tomatsauce

125 g smør

½ liter kødbouillon

¼ liter hvidvin

1 spiseskefuld mel

1 forårsløg

Salt og peber

FORARBEJDNING

Steg de finthakkede forårsløg i smør ved middel varme i 5 minutter.

Tilsæt de rensede og kvarterede svampe og hæv varmen. Kog yderligere 5 minutter, indtil de løber tør for vand. Tilsæt melet og kog i yderligere 5 minutter under konstant omrøring.

Fugt med vin og lad dampe af. Tilsæt tomatsaucen og oksebouillon. Kog yderligere 5 minutter.

RUND

Gem i køleskabet og fordel en tynd hinde smør ovenpå, så der ikke dannes skorpe på overfladen.

AIOLI Sauce

INGREDIENSER

6 fed hvidløg

Eddiken

½ liter lys olivenolie

salt

FORARBEJDNING

Knus hvidløget med saltet i en morter, indtil du får en pasta.

Tilsæt gradvist olien under konstant omrøring med støderen, indtil der opnås en tyk sauce. Tilsæt et skvæt eddike til saucen.

RUND

Tilføjer du 1 æggeblomme ved knusning af hvidløg, er det nemmere at tilberede saucen.

AMERIKANSK Sauce

INGREDIENSER

150 g rejer

250 g rejer og slagtekroppe og rejehoveder

250 g modne tomater

250 g løg

100 g smør

50 g gulerødder

50 g porre

½ liter fiskebouillon

1dl hvidvin

½ dl cognac

1 spiseskefuld mel

1 flad teskefuld varm paprika

1 kvist timian

salt

FORARBEJDNING

Kog grøntsager, undtagen tomater, skåret i små stykker i smør. Steg derefter paprika og mel.

Svits de små krabber og hovederne af resten af skaldyrene og flamber med cognacen. Gem krabbehalerne og kværn skrogene med bouillonen. Si 2 eller 3 gange, indtil der ikke er nogen skal tilbage.

Tilsæt bouillon, vin, kvarte tomater og timian til grøntsagerne. Kog i 40 minutter, mos og tilsæt salt.

RUND

Perfekt sauce til fyldte peberfrugter, havtaske eller fiskefrikadeller.

DAWN Sauce

INGREDIENSER

45 g smør

½ l fløjlsblød sauce (se afsnittet Bouillon og saucer)

3 spiseskefulde tomatsauce

FORARBEJDNING

Bring den fløjlsbløde sauce i kog, tilsæt spiseskefulde tomat og pisk med et piskeris.

Fjern fra varmen, tilsæt smør og fortsæt med at røre, indtil det er godt blandet.

RUND

Brug denne sauce til at ledsage deviled æg.

BARBECUE Sauce

INGREDIENSER

1 dåse cola

1 kop tomatsauce

1 kop tomatsauce

½ kop eddike

1 tsk oregano

1 tsk timian

1 tsk spidskommen

1 fed hvidløg

1 stødt cayennepeber

½ løg

Olivenolie

Salt og peber

FORARBEJDNING

Skær løg og hvidløg i små stykker og steg dem i lidt olie. Når de er møre tilsættes tomat, ketchup og eddike.

Kog 3 minutter. Tilsæt cayennepeber og krydderier. Rør, hæld Coca-Colaen i og kog til den er tyk.

RUND

Dette er en perfekt sauce til kyllingevinger. Den kan fryses i individuelle isterningbakker og kun bruges efter behov.

BERNESESAUCE

INGREDIENSER

250 g klaret smør

1 dl estragoneddike

1dl hvidvin

3 æggeblommer

1 skalotteløg (eller ½ lille forårsløg)

Estragon

Salt og peber

FORARBEJDNING

Varm den hakkede skalotteløg i en gryde med eddike og vin. Reducer til cirka 1 spsk.

Pisk de salte æggeblommer i en bain-marie. Rør i vin og eddike reduktion plus 2 spsk koldt vand indtil fordoblet.

Tilsæt gradvist det smeltede smør til blommerne, fortsæt med at piske. Tilsæt lidt hakket estragon og opbevar i en bain-marie ved maks. 50°C.

RUND

Det er vigtigt at opbevare denne sauce i en bain-marie ved svag varme, så den ikke stivner.

CARBONARA-SAUCE

INGREDIENSER

200 g bacon

200 g fløde

150 g parmesan

1 mellemstor løg

3 æggeblommer

Salt og peber

FORARBEJDNING

Steg det hakkede løg. Når den er gylden, tilsæt bacon skåret i strimler og steg til den er gylden.

Hæld derefter fløde, salt og peber i og kog ved svag varme i 20 minutter.

Når det er slukket, tilsæt revet ost, æggeblommer og bland.

RUND

Hvis du har rester til en anden lejlighed, når den er opvarmet, skal du koge ved svag varme og ikke for længe, så ægget ikke stivner.

LÆKKER Sauce

INGREDIENSER

200 g forårsløg

100 g cornichoner

100 g smør

½ liter kødbouillon

125cl hvidvin

125cl eddike

1 spsk sennep

1 spiseskefuld mel

Salt og peber

FORARBEJDNING

Svits det hakkede løg i smør. Tilsæt melet og kog ved svag varme i 5 min.

Hæv varmen og hæld vin og eddike i og reducer til det halve under konstant omrøring.

Tilsæt bouillon, de julienerede cornichoner og kog i yderligere 5 minutter. Tag af varmen og tilsæt sennep. Sæson.

RUND

Denne sauce er ideel til fedt kød.

CUMBERLAND Sauce

INGREDIENSER

150 g ribsmarmelade

½ dl portvin

1 kop mørk kødbouillon (se afsnittet Bouillon og saucer)

1 tsk ingefærpulver

1 spsk sennep

1 skalotteløg

skal af ½ appelsin

skal af ½ citron

½ appelsinjuice

saft af ½ citron

Salt og peber

FORARBEJDNING

Juliana appelsin- og citronskallerne. Kog i koldt vand og kog i 10 s. Gentag operationen to gange. Dræn og afkøl.

Hak skalotteløget fint og kog i 1 minut under konstant omrøring med ribsmarmelade, portvin, bouillon, citrusskal og -saft, sennep, ingefær, salt og peber. Lad afkøle.

RUND

Det er et perfekt krydderi til patéer eller vildtretter.

KARRYSAUCE

INGREDIENSER

200 g løg

2 spsk mel

2 spsk karry

3 fed hvidløg

2 store tomater

1 kvist timian

1 laurbærblad

1 flaske kokosmælk

1 æble

1 banan

Olivenolie

salt

FORARBEJDNING

Steg det hakkede løg og hvidløg i olien. Tilsæt karry og kog i 3 min. Tilsæt melet og kog i yderligere 5 minutter under konstant omrøring.

Tilsæt kvarte tomater, krydderurter og kokosmælk. Kog i 30 minutter ved lav varme. Tilsæt det skrællede og skåret æble og banan og kog i yderligere 5 minutter. Kværn, filtrer og korriger saltet.

RUND

For at gøre denne sauce mindre kalorieholdig skal du reducere kokosmælken i halve og erstatte den med hønsebouillon.

HVIDLØGSSAUS

INGREDIENSER

250 ml fløde

10 fed hvidløg

Salt og peber

FORARBEJDNING

Blancher hvidløg 3 gange i koldt vand. Bring det i kog, afdryp og bring det kolde vand i kog. Gentag denne operation 3 gange.

Når de er blancheret, koges de i 25 minutter samtidig med cremen. Til sidst smages til med salt og peber.

RUND

Ikke alle cremer er ens. Hvis den er for tyk, tilsæt lidt fløde og kog i yderligere 5 minutter. Hvis det tværtimod er meget flydende, så kog længere. Den er perfekt til fisk.

BARE SAUCE

INGREDIENSER

200 g brombær

25 g sukker

250 ml spansk sauce (se afsnittet Bouillon og saucer)

100 ml sød vin

2 spiseskefulde eddike

1 spsk smør

Salt og peber

FORARBEJDNING

Lav en karamel med sukkeret ved svag varme. Tilsæt eddike, vin, bær og kog i 15 minutter.

Hæld den spanske sauce i. Smag til med salt og peber, bland, sigt og bring det i kog med smørret.

RUND

Det er et perfekt krydderi til jagt.

CIDERSAUCE

INGREDIENSER

250 ml fløde

1 flaske cider

1 zucchini

1 gulerod

1 porre

salt

FORARBEJDNING

Skær grøntsagerne i stave og brun dem i 3 minutter ved høj varme. Hæld cideren og lad den reducere i 5 minutter.

Tilsæt fløde, salt og kog i yderligere 15 minutter.

RUND

Den passer perfekt til en grillet havrude eller en skive laks.

KETCHUP

INGREDIENSER

1½ kg modne tomater

250 g løg

1 glas hvidvin

1 skinkeben

2 fed hvidløg

1 stor gulerod

frisk timian

frisk rosmarin

Sukker (valgfrit)

salt

FORARBEJDNING

Skær løg, hvidløg og gulerod i julienne strimler og brun ved middel varme. Når grøntsagerne er møre tilsættes knoglerne og deglaseres med vinen. Tænd for varmen.

Tilsæt kvarte tomater og krydderurter. Bages 30 min.

Fjern ben og urter. Knus, afdryp og ret salt og sukker evt.

RUND

Frys i individuelle isterningbakker for altid at have en lækker hjemmelavet tomatsauce ved hånden.

PEDRO XIMENEZ VINSAUCE

INGREDIENSER

35 g smør

250 ml spansk sauce (se afsnittet Bouillon og saucer)

75 ml Pedro Ximenez vin

Salt og peber

FORARBEJDNING

Varm vinen op i 5 minutter ved middel varme. Tilsæt den spanske sauce og kog i yderligere 5 minutter.

For at tykne og skinne, sluk for varmen og tilsæt det kolde smør i tern. Sæson.

RUND

Den kan laves med enhver sød vin, såsom portvin.

FLØDESAUCE

INGREDIENSER

½ l béchamel (se kapitlet Bouillon og saucer)

200cl fløde

saft af ½ citron

FORARBEJDNING

Kog béchamelen op og tilsæt fløden. Kog til du får ca. 400 cl sauce.

Når det er slukket, tilsættes citronsaften.

RUND

Ideel til gratinering, krydring af fisk og fyldte æg.

MAJONNAISE MAJONNAISE

INGREDIENSER

2 æg

saft af ½ citron

½ liter lys olivenolie

Salt og peber

FORARBEJDNING

Kom æg og citronsaft i et røreglas.

Pisk med røremaskinen 5, tilsæt gradvist olien, mens du fortsætter med at piske. Krydr med salt og peber.

RUND

For at det ikke skærer under formaling, tilsæt 1 spsk varmt vand til blenderglasset med resten af ingredienserne.

YOGHURT OG DILLSAUCE

INGREDIENSER

20 g løg

75 ml mayonnaisesauce (se afsnittet om bouillon og saucer)

1 spsk honning

2 yoghurter

Dild

salt

FORARBEJDNING

Bland alle ingredienserne, undtagen dilden, til du får en jævn sauce.

Hak dilden fint og kom den i saucen. Fjern og ret salt.

RUND

Den er perfekt til stegte kartofler eller lammekød.

DJÆVELSAUCE

INGREDIENSER

100 g smør

½ liter kødbouillon

3dl hvidvin

1 forårsløg

2 peberfrugter

salt

FORARBEJDNING

Skær løget i små stykker og lad det tørre ved høj temperatur. Tilsæt chilien, afglasér med vinen og reducer til det halve volumen.

Hæld bouillon i, kog i yderligere 5 minutter og smag til med salt og krydderier.

Tilsæt det meget kolde smør fra varmen og bland med et piskeris, indtil blandingen er tyk og blank.

RUND

Denne sauce kan også laves med sød vin. Resultatet er udsøgt.

SPANSK Sauce

INGREDIENSER

30 g smør

30 g mel

1 liter oksebouillon (reduceret)

Salt og peber

FORARBEJDNING

Steg melet i smør, indtil det er let ristet.

Hæld den kogende bouillon i, under konstant omrøring. Kog i 5 minutter og smag til med salt og peber.

RUND

Denne sauce er grundlaget for mange tilberedninger. Det er det, man kalder grundsovsen i køkkenet.

HOLLANDESESAUCE

INGREDIENSER

250 g smør

3 æggeblommer

¼ citronsaft

Salt og peber

FORARBEJDNING

At smelte smør.

Pisk æggeblommerne i vandbad med lidt salt, peber og citronsaft plus 2 spsk koldt vand, til de fordobler deres volumen.

Tilsæt gradvist det smeltede smør til blommerne, fortsæt med at piske. Hold vandbadet på en maksimal temperatur på 50°C.

RUND

Denne sauce er spektakulær til at ledsage bagte kartofler med røget laks på toppen.

ITALIENSK DRESSING

INGREDIENSER

125 g tomatsauce

100 g svampe

50 g skinke

50 g forårsløg

45 g smør

125 ml spansk sauce (se afsnittet Bouillon og saucer)

90 ml hvidvin

1 kvist timian

1 kvist rosmarin

Salt og peber

FORARBEJDNING

Hak løget fint og svits det i smørret. Når de er møre hæves varmen og de pillede og rensede svampe tilsættes. Tilsæt den kogte skinke i tern.

Tilsæt vin og krydderurter og lad det reducere helt.

Tilsæt den spanske sauce og tomatsauce. Kog i 10 minutter og smag til med salt og peber.

RUND

Perfekt til pasta og kogte æg.

MOUSSELINESAUCE

INGREDIENSER

250 g smør

85 ml flødeskum

3 æggeblommer

¼ citronsaft

Salt og peber

FORARBEJDNING

At smelte smør.

Læg æggeblommerne i en bain-marie med lidt salt, peber og citronsaft. Tilsæt 2 spiseskefulde koldt vand indtil fordoblet i volumen. Tilsæt gradvist smør til æggeblommerne, fortsæt med at piske.

Lige inden servering piskes fløden og tilsættes den forrige blanding med bløde, omsluttende bevægelser.

RUND

Hold vandbadet på en maksimal temperatur på 50°C. Den er perfekt til laksegratin, barbermuslinger, asparges mv.

REMOULERET SAUCE

INGREDIENSER

250 g mayonnaisesauce (se afsnittet Bouillon og saucer)

50 g cornichoner

50 g kapers

10 g ansjoser

1 tsk hakket frisk persille

FORARBEJDNING

Kværn ansjoserne i en morter til de er knuste. Skær kapers og cornichoner i meget små stykker. Tilsæt resten af ingredienserne og bland.

RUND

Ideel til deviled æg.

BIZCAINE Sauce

INGREDIENSER

500 g løg

400 g friske tomater

25 g brød

3 fed hvidløg

4 chorizos eller ñoras

Sukker (valgfrit)

Olivenolie

salt

FORARBEJDNING

Udblød ñoras for at fjerne kødet.

Skær løg og hvidløg i julienne-strimler og brun dem ved middel varme i en tildækket pande i 25 minutter.

Tilsæt brødet og cherrytomater i tern og fortsæt med at koge i yderligere 10 minutter. Tilsæt ñoras-kødet og steg i yderligere 10 minutter.

Knus og korriger evt. salt og sukker.

RUND

Selvom det er usædvanligt, er det en fantastisk sauce at lave med spaghetti.

RØD SAUCE

INGREDIENSER

2 fed hvidløg

1 stor tomat

1 lille løg

½ lille rød peberfrugt

½ lille grøn peberfrugt

2 kuverter med blæksprutteblæk

hvidvin

Olivenolie

salt

FORARBEJDNING

Skær grøntsagerne i små stykker og lad dem tørre forsigtigt i 30 minutter.

Tilsæt revet tomat og kog over medium-høj varme, indtil den mister sit vand. Øg varmen og tilsæt blækposerne og lidt vin. Lad os skære det i halve.

Bland, filtrer og tilsæt salt.

RUND

Hvis der tilsættes lidt mere blæk efter maling, bliver saucen lysere.

MORNAYSAUCE

INGREDIENSER

75 g parmesan

75 g smør

75 g mel

1 liter mælk

2 æggeblommer

Muskatnød

Salt og peber

FORARBEJDNING

Smelt smørret i en gryde. Tilsæt melet og kog ved svag varme i 10 minutter under konstant omrøring.

Hæld mælken i på én gang og kog i yderligere 20 minutter under konstant omrøring.

Tilsæt æggeblommer og ost fra varmen og fortsæt med at blande. Smag til med salt, peber og muskatnød.

RUND

Det er en perfekt gratinsovs. Enhver form for ost kan bruges.

ROMASCO Sauce

INGREDIENSER

100 g eddike

80 g ristede mandler

½ tsk sød paprika

2 eller 3 modne tomater

2 peberfrugter

1 lille skive ristet brød

1 hoved hvidløg

1 chili

250 g ekstra jomfru olivenolie

salt

FORARBEJDNING

Fugt ñoras i lunkent vand i 30 min. Fjern frugtkødet og reserver.

Forvarm ovnen til 200°C og rist tomater og hvidløg (tomater tager ca. 15-20 minutter og hvidløg lidt mindre).

Når de er ristet, renses skindet og kernerne af tomaterne og hvidløgene fjernes én efter én. Kom i et røreglas med mandlerne, det ristede brød, ñora-kødet, olien og eddiken. Slå godt.

Tilsæt derefter den søde paprika og en knivspids rød peber. Pisk igen og smag til med salt.

RUND

Mos ikke saucen for meget.

SOBIZA Sauce

INGREDIENSER

100 g smør

85 g mel

1 liter mælk

1 løg

Muskatnød

Salt og peber

FORARBEJDNING

Smelt smørret i en gryde og steg langsomt det strimlede løg i 25 minutter. Tilsæt melet og kog i yderligere 10 minutter under konstant omrøring.

Hæld mælken i med det samme og kog i yderligere 20 minutter ved svag varme under konstant omrøring. Smag til med salt, peber og muskatnød.

RUND

Den kan serveres som den er eller pureres. Den er perfekt til cannelloni.

TARTARSAUCE

INGREDIENSER

250 g mayonnaisesauce (se afsnittet Bouillon og saucer)

20 g purløg

1 spsk kapers

1 spsk frisk persille

1 spsk sennep

1 syltet agurk

1 kogt æg

salt

FORARBEJDNING

Hak purløg, kapers, persille, cornichon og kogt æg fint.

Bland det hele sammen og tilsæt mayonnaise og sennep. Kom en knivspids salt.

RUND

Den passer perfekt til fisk og pølser.

KARAMELSAUCE

INGREDIENSER

150 g) Sukker

70 g smør

300 ml fløde

FORARBEJDNING

Lav en karamel med smør og sukker uden nogensinde at blande.

Når karamellen er kogt, tages den af varmen og fløden tilsættes. Kog i 2 minutter ved høj varme.

RUND

Karamellen kan smages til ved at tilsætte 1 kvist rosmarin.

SUPPE

INGREDIENSER

250 g gulerødder

250 g porrer

250 g tomater

150 g løg

150 g majroer

100 g selleri

salt

FORARBEJDNING

Vask grøntsagerne godt og skær dem i almindelige stykker. Kom i en gryde og dæk med koldt vand.

Kog ved svag varme i 2 timer. Filtrer og tilsæt salt.

RUND

De brugte grøntsager kan bruges til at lave en god creme. Kog altid uden låg, så når vandet fordamper bliver smagene bedre koncentreret.

FLØJELSSAUCE

INGREDIENSER

35 g smør

35 g mel

½ liter bouillon (fisk, kød, fjerkræ osv.)

salt

FORARBEJDNING

Brun forsigtigt melet i smørret i 5 minutter.

Tilsæt bouillon på én gang og kog over medium varme under konstant omrøring. Kom en knivspids salt.

RUND

Den fungerer som base for mange andre saucer.

SAUCEDRESSING

INGREDIENSER

4 spiseskefulde eddike

1 lille løg

1 stor tomat

½ rød peberfrugt

½ grøn peber

12 spiseskefulde olivenolie

salt

FORARBEJDNING

Skær tomat, peberfrugt og løg i meget små stykker.

Bland det hele sammen og tilsæt olie, eddike og salt.

RUND

Ideel til muslinger i sauce eller kartofler med tun.

RØDE FRUGTER I SØD VIN MED MYNTE

INGREDIENSER

550 g røde frugter

50 g sukker

2 dl sød vin

5 mynteblade

FORARBEJDNING

Kog bær, sukker, sød vin og mynteblade i en gryde i 20 minutter.

Lad stå i samme beholder, indtil det er afkølet og server i individuelle skåle.

RUND

Knus og server med is og nogle små chokoladekager.

RUND

Bedre at spise den kold. Læg et par stykker kandiseret frugt ovenpå før tilberedning. Resultatet er fantastisk.

KYLLINGEPINDE MED WHISKY

INGREDIENSER

12 kyllingelår

200 ml fløde

150 ml whisky

100 ml hønsebouillon

3 æggeblommer

1 forårsløg

hvedemel

Olivenolie

Salt og peber

FORARBEJDNING

Krydr, mel og brun kyllingelårene. Træk tilbage og reserver.

Steg det finthakkede løg i samme olie i 5 minutter. Tilsæt whiskyen og flamber (proppen skal være afdækket). Hæld fløde og bouillon i. Tilsæt kyllingen igen og steg i 20 minutter ved svag varme.

Af varmen tilsættes æggeblommerne og blandes forsigtigt, så saucen tykner lidt. Smag til med salt og peber evt.

RUND

Whiskyen kan erstattes af den alkoholiske drik, som vi bedst kan lide.

STEGT AND

INGREDIENSER

1 ren and

1 liter hønsebouillon

4 dl sojasovs

3 spiseskefulde honning

2 fed hvidløg

1 lille løg

1 cayenne

frisk ingefær

Olivenolie

Salt og peber

FORARBEJDNING

I en skål blandes hønsebouillon, sojabønner, revet hvidløg, cayennepeber og finthakket løg, honning, et stykke revet ingefær og peber. Mariner anden i denne blanding i 1 time.

Fjern fra marinaden og læg på en bageplade med halvdelen af marinadevæsken. Steg ved 200°C i 10 minutter på hver side. Fugt konstant med en børste.

Sænk ovnen til 180 ºC og steg yderligere 18 minutter på hver side (fortsæt med at male hvert 5. minut med en pensel).

Fjern og gem anden og lad saucen reducere til det halve i en gryde ved middel varme.

RUND

Steg kyllingebrystsiden nedad først, det vil gøre dem mindre tørre og mere saftige.

VILLAROY KYLLINGEBRYST

INGREDIENSER

1 kg kyllingebryst

2 gulerødder

2 stilke selleri

1 løg

1 porre

1 majroe

Mel, æg og rasp (til overtræk)

til béchamel

1 liter mælk

100 g smør

100 g mel

Muskatnød

Salt og peber

FORARBEJDNING

Kog alle de rene grøntsager i 2 liter (koldt) vand i 45 min.

Lav imens en béchamelsauce ved at brune melet i smørret ved middel-lav varme i 5 minutter. Tilsæt derefter mælken og bland. Smag til med salt og peber og tilsæt muskatnød. Kog i 10 minutter ved lav varme uden at stoppe med at slå.

Si bouillonen og kog andebrystene (hele eller i fileter) i 15 minutter. Dræn dem og lad dem køle af. Dæk brysterne godt med bechamelsaucen og opbevar dem i køleskabet. Når den er kold, dækkes den med mel, derefter med ægget og til sidst med rasp. Steg i rigeligt olie og server meget varmt.

RUND

Du kan bruge bouillon og grøntsagsmos til at lave en lækker creme.

KYLLINGEBRYST MED CITRONSENNEP

INGREDIENSER

4 kyllingebryst

250 ml fløde

3 spiseskefulde cognac

3 spsk sennep

1 spiseskefuld mel

2 fed hvidløg

1 citron

½ forårsløg

Olivenolie

Salt og peber

FORARBEJDNING

Krydr og brun brysterne skåret i almindelige stykker med et skvæt olie. Reservere.

Brun det finthakkede løg og hvidløg i samme olie. Tilsæt melet og kog i 1 min. Tilsæt brandy indtil det fordamper og tilsæt fløde, 3 spsk citronsaft og dens skal, sennep og salt. Kog saucen i 5 minutter.

Tilsæt kyllingen tilbage og lad det simre i yderligere 5 minutter.

RUND

Riv først citronen, inden du trækker saften ud. For at spare penge kan den også laves med hakket kylling i stedet for bryst.

BISTET GAUNETTE MED CIRUDAS OG SVAMPE

INGREDIENSER

1 maleri

250 g svampe

Medbring 200 ml

¼ liter hønsebouillon

15 udstenede svesker

1 fed hvidløg

1 tsk mel

Olivenolie

Salt og peber

FORARBEJDNING

Smag til med salt og peber og steg perlehønen med svesker i 40 minutter ved 175 ºC. Vend halvvejs gennem tilberedningen. Efter tid, fjern og gem saften.

Brun 2 spsk olie og mel i en gryde i 1 minut. Drys med vinen og reducer til det halve. Hæld stegesauce og bouillon over. Kog i 5 minutter uden omrøring.

Separat brunes svampene med lidt hakket hvidløg, tilsæt dem til saucen og bring det i kog. Server perlehønen med saucen.

RUND

Til særlige lejligheder kan du dekorere perlehønen med æble, foie gras, hakket kød, nødder.

 AVES

VILLAROY KYLLINGEBRYST FYLDT MED KARAMELISEREDE PIQUILLOS MED MODENA Eddike

INGREDIENSER

4 kyllingebrystfileter

100 g smør

100 g mel

1 liter mælk

1 dåse piquillo peberfrugt

1 glas Modena eddike

½ glas sukker

Muskatnød

Æg og rasp (til overtræk)

Olivenolie

Salt og peber

FORARBEJDNING

Sauter smør og mel i 10 minutter ved svag varme. Hæld derefter mælken i og kog i 20 minutter under konstant omrøring. Smag til med salt og peber og tilsæt muskatnød. Lad afkøle.

Karamelliser imens peberfrugterne med eddike og sukker, indtil eddiken begynder (lige begynder) at tykne.

Krydr fileterne og fyld med piquillo peber. Pak andebrystene ind i gennemsigtig film, som om de var meget faste slik, luk og kog i 15 minutter i vand.

Når de er kogt, maler du dem på alle sider med bechamelsaucen og dypper dem i det sammenpiskede æg og rasp. Steg i rigeligt olie.

RUND

Hvis du tilføjer et par spiseskefulde karry, sauterer melet til béchamelen, bliver resultatet anderledes og meget rigt.

KYLLINGEBRYST FYLDT MED BACON, SVAMPE OG OST

INGREDIENSER

4 kyllingebrystfileter

100 g svampe

4 skiver røget bacon

2 spsk sennep

6 spiseskefulde fløde

1 løg

1 fed hvidløg

skiveskåret ost

Olivenolie

Salt og peber

FORARBEJDNING

Krydr kyllingefileterne. Rens og skær svampene i kvarte.

Brun baconen og brun de hakkede svampe med hvidløget ved høj varme.

Pynt bøfferne med bacon, ost og svampe, og forsegl dem perfekt med husholdningsfilm, som var de desserter. Kog i 10 minutter i kogende vand. Fjern filmen og nettet.

Til gengæld brunes løget skåret i små stykker, tilsæt fløde og sennep, kog i 2 minutter og bland. sauce på kyllingen

RUND

Den gennemsigtige film modstår høje temperaturer og tilføjer ikke smag til maden.

SØD VINKYLLING MED BLOMME

INGREDIENSER

1 stor kylling

100 g udstenede svesker

½ liter hønsebouillon

½ flaske sød vin

1 forårsløg

2 gulerødder

1 fed hvidløg

1 spiseskefuld mel

Olivenolie

Salt og peber

FORARBEJDNING

Krydr og brun kyllingestykkerne på en varm pande med olien. Gå ud og reserver.

I samme olie brunes løg, hvidløg og finthakkede gulerødder. Når grøntsagerne er godt pocheret tilsættes melet og koges i yderligere min.

Fugt med rosinvinen og hæv varmen til den er næsten helt reduceret. Hæld bouillon i og tilsæt kylling og svesker igen.

Bag cirka 15 minutter eller indtil kyllingen er mør. Fjern kyllingen og bland saucen i. Smag til med salt.

RUND

Hvis du tilføjer lidt koldt smør til den knuste sauce og piskes med et piskeris, vil den tykne og skinne mere.

ORANGE KYLLINGEBRYST MED CASHEWNØDDER

INGREDIENSER

4 kyllingebryst

75 g cashewnødder

2 glas frisk appelsinjuice

4 spiseskefulde honning

2 spiseskefulde Cointreau

hvedemel

Olivenolie

Salt og peber

FORARBEJDNING

Krydr og mel brysterne. Brun dem i rigeligt olie, fjern dem og gem dem.

Kog appelsinjuicen med Cointreau og honningen i 5 minutter. Tilsæt brysterne til saucen og lad det simre i 8 minutter.

Server med sauce og cashewnødder på toppen.

RUND

En anden måde at lave en god appelsinsauce på er at starte med karameller, der ikke er for mørke, hvortil der tilsættes naturlig appelsinjuice.

SYLTET RAPØN

INGREDIENSER

4 agerhøns

300 g løg

200 g gulerødder

2 glas hvidvin

1 hoved hvidløg

1 laurbærblad

1 glas eddike

1 glas olie

salt og 10 peberkorn

FORARBEJDNING

Krydr og brun agerhønsene ved høj varme. Træk tilbage og reserver.

Brun gulerødder og julienneløg i samme olie. Når grøntsagerne er møre tilsættes vin, eddike, peberkorn, salt, hvidløg og laurbærblad. Sauter i 10 minutter.

Sæt agerhønen i igen og kog ved svag varme i yderligere 10 minutter.

RUND

For at marineret kød eller fisk skal have maksimal smag, er det bedst at hvile i mindst 24 timer.

KYLLINGJÆGER

INGREDIENSER

1 hakket kylling

50 g hakkede svampe

½ liter hønsebouillon

1 glas hvidvin

4 revne tomater

2 gulerødder

2 fed hvidløg

1 porre

½ løg

1 bundt krydderurter (timian, rosmarin, laurbærblad osv.)

Olivenolie

Salt og peber

FORARBEJDNING

Krydr og brun kyllingen i en varm gryde med et skvæt olie. Gå ud og book.

Brun de hakkede gulerødder, hvidløg, porre og løg i samme olie. Tilsæt derefter revet tomat. Sauter indtil tomaten mister sit vand. Kom kyllingen tilbage.

Brun svampene hver for sig og tilsæt dem også til stuvningen. Afglasér med et glas vin og lad det dampe af.

Fugt med bouillon og tilsæt de aromatiske urter. Kog indtil kyllingen er mør. Smag til med salt.

RUND

Denne ret kan også laves med kalkun og endda kanin.

COCA COLA STIL KYLLINGEVINGER

INGREDIENSER

1 kg kyllingevinger

½ liter koks

4 spsk brun farin

2 spsk sojasovs

1 dynge spsk oregano

½ citron

Salt og peber

FORARBEJDNING

Kom Coca-Cola, sukker, soja, oregano og saft af ½ citron i en gryde og kog i 2 minutter.

Skær vingerne i halve og krydr med salt. Kog dem ved 160 ºC til de tager lidt farve. Tilsæt nu halvdelen af saucen og vend vingerne. Vend dem hvert 20. minut.

Når saucen næsten er reduceret, tilsættes den anden halvdel og koges videre, indtil saucen tykner.

RUND

Tilføjelse af en kvist vanilje, mens du forbereder saucen, forbedrer dens smag og giver den et karakteristisk præg.

HVIDLØGSKYLLING

INGREDIENSER

1 hakket kylling

8 fed hvidløg

1 glas hvidvin

1 spiseskefuld mel

1 cayenne

Eddiken

Olivenolie

Salt og peber

FORARBEJDNING

Krydr kyllingen og brun den godt. Stil til side og lad olien køle af.

Skær hvidløgsfeddene i tern og confitér (steg i olie, steg ikke) hvidløg og cayennepeber uden at farve.

Dyp i vinen og reducer indtil den har en vis tykkelse, men den bliver ikke tør.

Tilsæt derefter kyllingen og lidt efter lidt teskefuld mel ovenpå. Rør rundt (tjek om hvidløget klistrer til kyllingen, hvis ikke tilsæt lidt mel, indtil det klæber en smule).

Dæk til og rør af og til. Kog i 20 minutter ved lav varme. Komplet med lidt eddike og kog i endnu et minut.

RUND

Kyllingebrødet er et must. Den skal være meget varm, så den forbliver gylden udenpå og saftig indeni.

KYLLING BARN

INGREDIENSER

1 lille kylling, hakket

350 g hakket serranoskinke

1 dåse 800 g flåede tomater

1 stor rød peberfrugt

1 stor grøn peberfrugt

1 stort løg

2 fed hvidløg

timian

1 glas hvid- eller rødvin

sukker

Olivenolie

Salt og peber

FORARBEJDNING

Krydr kyllingen og brun den ved høj varme. Gå ud og book.

Brun peberfrugt, hvidløg og løg skåret i mellemstore stykker i samme olie. Når grøntsagerne er gyldne tilsættes skinken og koges i yderligere 10 minutter.

Udskift kyllingen og hæld vinen over. Reducer varmen til høj i 5 minutter og tilsæt tomat og timian. Sænk varmen og kog i yderligere 30 minutter. Juster salt og sukker.

RUND

Den samme opskrift kan laves med frikadeller. Der vil ikke være noget tilbage på tallerkenen!

MARINERET MED VAGTEL OG RØDE FRUGTER

INGREDIENSER

4 vagtler

150 g røde frugter

1 glas eddike

2 glas hvidvin

1 gulerod

1 porre

1 fed hvidløg

1 laurbærblad

hvedemel

1 glas olie

salt og peber

FORARBEJDNING

Mel, krydr og brun vagtlerne i en gryde. Gå ud og book.

I samme olie steges gulerod og porre skåret i stave og hakket hvidløg. Når grøntsagerne er møre tilsættes olie, eddike og vin.

Tilsæt laurbærblad og peber. Tilsæt salt og kog i 10 minutter med de røde frugter.

Tilsæt vagtlerne og kog i yderligere 10 minutter, indtil de er møre. Lad stå, tildækket, af varmen.

RUND

Denne marinade, med vagtelkød, er en skøn vinaigrette og ledsager en god salatsalat.

CITRONKYLLING

INGREDIENSER

1 kylling

30 g sukker

25 g smør

1 liter hønsebouillon

1dl hvidvin

saft af 3 citroner

1 løg

1 porre

Olivenolie

Salt og peber

FORARBEJDNING

Hak og krydr kyllingen. Brun ved høj varme og fjern.

Pil løget og pil porren, skær den i julienne strimler. Sauter grøntsagerne i den samme olie, som kyllingen blev lavet i. Drys med vinen og lad det reducere.

Tilsæt citronsaft, sukker og bouillon. Kog 5 min og kom kyllingen tilbage. Kog ved svag varme i yderligere 30 minutter. Krydr med salt og peber.

RUND

For at saucen bliver finere og uden stykker af grøntsager, er det bedre at male den.

SAN JACOBO KYLLING MED SERRANO SKINKE, BRYLLUPSKAGE OG ARUCULA

INGREDIENSER

8 tynde kyllingefileter

150 g Casar svampekage

100 g raket

4 skiver serranoskinke

Mel, æg og korn (til dækning)

Olivenolie

Salt og peber

FORARBEJDNING

Krydr kyllingefileterne og fordel dem med osten. På en af dem lægges rucolaen og Serranoskinken og en anden ovenpå for at lukke den. Gør det samme med resten.

Før dem gennem mel, sammenpisket æg og knuste korn. Steg i rigeligt varm olie i 3 min.

RUND

Den kan toppes med knuste popcorn, kiko og endda orme. Resultatet er meget sjovt.

BAGET KYLLING KARRY

INGREDIENSER

4 kyllingelår (pr. person)

1 liter fløde

1 forårsløg eller løg

2 spsk karry

4 naturlige yoghurter

salt

FORARBEJDNING

Skær løget i små stykker og bland det i en skål med yoghurt, fløde og karry. Smag til med salt.

Lav et par snit i kyllingen og lad den marinere i yoghurtsaucen i 24 timer.

Steg ved 180°C i 90 minutter, tag kyllingen ud og server med den piskede sauce.

RUND

Har du sovsen tilovers, kan du bruge den til at lave lækre frikadeller.

KYLLING I RØDVIN

INGREDIENSER

1 hakket kylling

½ liter rødvin

1 kvist rosmarin

1 kvist timian

2 fed hvidløg

2 porrer

1 rød peberfrugt

1 gulerod

1 løg

Hønsekødssuppe

hvedemel

Olivenolie

Salt og peber

FORARBEJDNING

Krydr og brun kyllingen i en meget varm pande. Gå ud og book.

Skær grøntsagerne i små stykker og steg dem i den samme olie, som kyllingen blev stegt i.

Udblødt i vinen, tilsæt de aromatiske urter og kog i cirka 10 minutter ved høj varme, indtil det er tyknet. Tilsæt kyllingen igen og hæld bouillon i, så det dækker. Bag i yderligere 20 minutter eller indtil kødet er mørt.

RUND

For en tyndere, klumpfri sauce, puré og dryp af.

STEGT KYLLING MED SORT ØL

INGREDIENSER

4 kyllingelår

750 ml stout

1 spsk spidskommen

1 kvist timian

1 kvist rosmarin

2 løg

3 fed hvidløg

1 gulerod

Salt og peber

FORARBEJDNING

Julienne løg, gulerod og hvidløg. Kom timian og rosmarin i bunden af en gryde og læg løg, gulerod og hvidløg ovenpå; derefter kyllingelår, med skindsiden nedad, krydret med en knivspids spidskommen. Bages ved 175 ºC i ca. 45 min.

Sluk med øllet efter 30 minutter, vend bunden og kog i yderligere 45 minutter. Når kyllingen er stegt, tages den af panden og saucen blendes.

RUND

Hvis der tilsættes 2 skåret og mosede æbler til midten af stegen med resten af saucen, er smagen endnu bedre.

CHOKOLADEGÅR

INGREDIENSER

4 agerhøns

½ liter hønsebouillon

½ glas rødvin

1 kvist rosmarin

1 kvist timian

1 forårsløg

1 gulerod

1 fed hvidløg

1 revet tomat

Chokolade

Olivenolie

Salt og peber

FORARBEJDNING

Krydr og brun agerhønsene. Reservere.

Brun den finthakkede gulerod, hvidløg og forårsløg i samme olie ved middel varme. Øg varmen og tilsæt tomaten. Kog indtil du taber vand. Drys med vinen og lad det reducere næsten helt.

Fugt med bouillon og tilsæt de aromatiske urter. Kog ved svag varme til agerhønsene er møre. Smag til med salt. Fjern fra varmen og tilsæt chokolade efter smag. At slette.

RUND

For at give retten et krydret præg, kan du tilføje en cayennepeber, og hvis du vil have den sprød, tilsættes nogle ristede hasselnødder eller mandler.

RISTET KVARTALTACO MED RØD FRUGTSAUCE

INGREDIENSER

4 kalkunlænder

250 g røde frugter

½ liter cava

1 kvist timian

1 kvist rosmarin

3 fed hvidløg

2 porrer

1 gulerod

Olivenolie

Salt og peber

FORARBEJDNING

Skræl og julienne porrer, gulerødder og hvidløg. Læg denne grøntsag på en bageplade med timian, rosmarin og røde bær.

Arranger kalkunfjerte ovenpå, dryp med et skvæt olie med skindsiden nedad. Steg ved 175ºC i 1 time.

Bad med cava efter 30 min. Vend kødet og steg i yderligere 45 minutter. Efter tiden tages det af panden. Bland, filtrer og tilsæt salt til saucen.

RUND

Kalkunen er færdig, når benet og låret let skilles ad.

STEGT KYLLING MED FERSKENSAUCE

INGREDIENSER

4 kyllingelår

½ liter hvidvin

1 kvist timian

1 kvist rosmarin

3 fed hvidløg

2 ferskner

2 løg

1 gulerod

Olivenolie

Salt og peber

FORARBEJDNING

Julienne løg, gulerod og hvidløg. Skræl fersknerne, halver dem og fjern stenene.

Kom timian og rosmarin med gulerod, løg og hvidløg i bunden af en bageplade. Læg den fjerdedel af fonden ovenpå, krydr med et skvæt olie med skindsiden nedad, og bag ved 175°C i ca. 45 minutter.

Efter 30 minutter hælder du hvidvinen over toppen, vend dem og kog i yderligere 45 minutter. Når kyllingen er stegt, tages den af panden og saucen blendes.

RUND

Æbler eller pærer kan tilsættes stegen. Saucen bliver lækker.

KYLLINGFILET FYLDT MED SPINAT OG MOZZARELLA

INGREDIENSER

8 tynde kyllingefileter

200 g frisk spinat

150 g mozzarella

8 basilikumblade

1 tsk stødt spidskommen

Mel, æg og rasp (til overtræk)

Olivenolie

Salt og peber

FORARBEJDNING

Krydr brysterne på begge sider. Pynt med spinat, revet ost og hakket basilikum, og top med endnu en filet. Før melet, det sammenpiskede æg og en blanding af rasp og spidskommen igennem.

Steg et par minutter på hver side og fjern overskydende olie på fedtsugende papir.

RUND

Det perfekte tilbehør er en god tomatsauce. Denne ret kan laves af kalkun og endda af frisk lænd.

STEGT KYLLING MED CAVA

INGREDIENSER

4 kyllingelår

1 flaske mousserende vin

1 kvist timian

1 kvist rosmarin

3 fed hvidløg

2 løg

Olivenolie

Salt og peber

FORARBEJDNING

Skær løg og hvidløg i juliana. Anret timian og rosmarin i bunden af en bradepande, læg løg, hvidløg og derefter de krydrede bagben med skindsiden nedad. Bages ved 175 ºC i ca. 45 min.

Efter 30 minutter drysses med cava, vendes og koges i yderligere 45 minutter. Når kyllingen er stegt, tages den af panden og saucen blendes.

RUND

En anden variant af samme opskrift er at lave den med lambrusco eller passitovin.

KYLLINGESPYD MED PEANUTSAUCE

INGREDIENSER

600 g kyllingebryst

150 g jordnødder

500 ml hønsebouillon

200 ml fløde

3 spsk sojasovs

3 spiseskefulde honning

1 spsk karry

1 cayennepeber finthakket

1 spsk limesaft

Olivenolie

Salt og peber

FORARBEJDNING

Kværn jordnødderne rigtig godt, indtil de bliver til en pasta. Bland dem i en skål med limesaft, bouillon, sojabønner, honning, karry, salt og peber. Skær brysterne i stykker og lad dem marinere i denne blanding natten over.

Tag kyllingen ud og sæt den på spyd. Kog den forrige blanding med fløden ved svag varme i 10 minutter.

Brun spyddene i en stegepande ved middel varme og server med saucen på toppen.

RUND

Du kan lave dem med kyllingeskod. Men i stedet for at stege dem på en pande, så steg dem i ovnen med saucen ovenpå.

KYLLING A LA PEPITORIA

INGREDIENSER

1½ kg kylling

250 g løg

50 g ristede mandler

25 g stegt brød

½ liter hønsebouillon

¼ liter god vin

2 fed hvidløg

2 laurbærblade

2 kogte æg

1 spiseskefuld mel

14 tråde safran

150 g olivenolie

Salt og peber

FORARBEJDNING

Hak og krydr kyllingen skåret i stykker. Guld og reserve.

Skær løg og hvidløg i små stykker og brun dem i den samme olie, som kyllingen blev tilberedt i. Tilsæt melet og svits ved svag varme i 5 minutter. Drys med vinen og lad det reducere.

Hæld den salte bouillon i og kog i yderligere 15 minutter. Tilsæt derefter den reserverede kylling med laurbærbladene og kog indtil kyllingen er mør.

Rist safranen separat og kom den i morteren med det stegte brød, mandlerne og æggeblommerne. Slå til en pasta og tilsæt kyllingegryden. Kog yderligere 5 min.

RUND

Der er ikke noget bedre tilbehør til denne opskrift end en god rispilaf. Den kan præsenteres med hakket æggehvide og lidt hakket persille på toppen.

ORANGE KYLLING

INGREDIENSER

1 kylling

25 g smør

1 liter hønsebouillon

1 dl rosévin

2 spiseskefulde honning

1 kvist timian

2 gulerødder

2 appelsiner

2 porrer

Olivenolie

Salt og peber

FORARBEJDNING

Krydr og brun den malede kylling ved høj varme i olivenolie. Træk tilbage og reserver.

Skræl og skræl gulerødder og porrer og skær dem i julienne-strimler. Kog i den samme olie, som kyllingen blev brunet i. Dryp med vinen og kog over høj varme, indtil den er tyk.

Tilsæt appelsinjuice, honning og bouillon. Kog i 5 minutter og tilsæt kyllingestykkerne tilbage. Kog ved lav varme i 30 minutter. Tilsæt det kolde smør og smag til med salt og peber.

RUND

Du kan sautere en god håndfuld nødder og tilføje dem til gryderet efter endt tilberedning.

STUGET KYLLING MED PORCINI

INGREDIENSER

1 kylling

200 g serranoskinke

200 g porcini svampe

50 g smør

600 ml hønsebouillon

1 glas hvidvin

1 kvist timian

1 fed hvidløg

1 gulerod

1 løg

1 tomat

Olivenolie

Salt og peber

FORARBEJDNING

Hak, krydr og brun kyllingen i smør og et skvæt olie. Træk tilbage og reserver.

I samme fedtstof brunes løg, gulerod og hvidløg skåret i små stykker og skinke i tern. Hæv varmen og tilsæt de hakkede porcini-svampe. Kog i 2 minutter, tilsæt revet tomat og kog til det mister alt vandet.

Tilsæt kyllingestykkerne og hæld vinen over. Reducer indtil saucen er næsten tør. Fugt med bouillon og tilsæt timian. Kog i 25 minutter eller indtil kyllingen er mør. Smag til med salt.

RUND

Brug svampe, der er i sæson eller tørrede.

SURTERET KYLLING MED NØDDER OG SOJA

INGREDIENSER

3 kyllingebryst

70 g rosiner

30 g mandler

30 g cashewnødder

30 g valnødder

30 g hasselnødder

1 glas hønsebouillon

3 spsk sojasovs

2 fed hvidløg

1 cayenne

1 citron

Ingefær

Olivenolie

Salt og peber

FORARBEJDNING

Hak andebrystene, krydr dem og brun dem i en stegepande ved høj varme. Træk tilbage og reserver.

I denne olie steges valnødderne med revet hvidløg, et stykke revet ingefær, cayennepeber og citronskal.

Tilsæt rosiner, reserverede kyllingebryst og soja. Reducer 1 min og hæld bouillonen over. Kog i yderligere 6 minutter ved middel varme, tilsæt eventuelt salt.

RUND

Det vil næppe være nødvendigt at bruge salt, da det næsten udelukkende kommer fra sojabønner.

CHOKOLADEKYLLING MED RISTEDE MANDLER

INGREDIENSER

1 kylling

60 g revet mørk chokolade

1 glas rødvin

1 kvist timian

1 kvist rosmarin

1 laurbærblad

2 gulerødder

2 fed hvidløg

1 løg

Kyllingebouillon (eller vand)

ristede mandler

ekstra jomfru oliven olie

Salt og peber

FORARBEJDNING

Hak, krydr og brun kyllingen i en meget varm gryde. Træk tilbage og reserver.

I samme olie brunes løg, gulerod og hvidløg skåret i små stykker ved svag varme.

Tilsæt laurbærbladet og kvistene af timian og rosmarin. Tilsæt vin og bouillon og lad det simre i 40 minutter. Salt og fjern kyllingen.

Purér saucen gennem blenderen og kom den tilbage i gryden. Tilsæt kylling og chokolade og rør til chokoladen er smeltet. Kog yderligere 5 minutter for at blande smagene.

RUND

Top med de ristede mandler på toppen. Tilføjelse af cayennepeber eller chilipeber giver det et krydret kick.

LAMMESPYD MED SENNEP OG PAPRIKA VINAIGRETTE

INGREDIENSER

350 g lam

2 spiseskefulde eddike

1 dynger spsk paprika

1 dynger spiseskefuld sennep

1 jævn spiseskefuld sukker

1 kurv cherrytomater

1 grøn peber

1 rød peberfrugt

1 lille forårsløg

1 løg

5 spiseskefulde olivenolie

Salt og peber

FORARBEJDNING

Skræl og skær grøntsagerne, undtagen forårsløget, i mellemstore firkanter. Skær lammet i tern af samme størrelse. Saml spyddene skiftevis et stykke kød og et stykke grøntsager. Sæson. Brun dem i en meget varm stegepande med et skvæt olie i 1-2 minutter på hver side.

Bland hver for sig sennep, paprika, sukker, olie, eddike og hakket løg i en skål. Smag til med salt og emulger.

Server de frisklavede spyd med lidt paprikasauce.

RUND

Du kan også tilføje 1 spsk karry og lidt citronskal til vinaigretten.

OKSEBRYST FYLDT MED PORTVIN

INGREDIENSER

1 kg kalvefinne (bog at fylde)

350 g hakket svinekød

1 kg gulerødder

1 kg løg

100 g pinjekerner

1 lille dåse piquillo peberfrugt

1 dåse sorte oliven

1 pakke bacon

1 hoved hvidløg

2 laurbærblade

bringer

Kødsaft

Olivenolie

salt og peber

FORARBEJDNING

Krydr finnen på begge sider. Pynt med svinekød, pinjekerner, hakket peberfrugt, kvarte oliven og strimler af bacon. Rul sammen og sæt en spids eller bind med kabelbindetråd. Sauter ved meget høj varme, fjern og gem.

Skær gulerødder, løg og hvidløg i brunoise og brun i samme olie, som kalvekødet blev stegt i. Udskift finne. Fugt med lidt portvin og kødbouillon til det hele er dækket. Tilsæt 8 peberkorn og laurbærblade. Kog tildækket ved lav varme i 40 minutter. Vend hvert 10. min. Når kødet er mørt, fjern og blend saucen.

RUND

Portvinen kan erstattes af enhver anden vin eller champagne.

MADRID FRIKKADELLER

INGREDIENSER

1 kg hakket kød

500 g hakket svinekød

500 g modne tomater

150 g løg

100 g svampe

1 liter kødbouillon (eller vand)

2 dl hvidvin

2 spsk frisk persille

2 spsk brødkrummer

1 spiseskefuld mel

3 fed hvidløg

2 gulerødder

1 laurbærblad

1 æg

sukker

Olivenolie

Salt og peber

FORARBEJDNING

Bland de to kød med hakket persille, 2 hakkede fed hvidløg, rasp, ægget, salt og peber. Form kugler og brun dem i en gryde. Gå ud og book.

I samme olie steges løget med det resterende hvidløg, tilsættes melet og brunes. Tilsæt tomaterne og kog i yderligere 5 minutter. Hæld vinen i og kog i yderligere 10 minutter. Tilsæt bouillon og fortsæt med at koge i yderligere 5 minutter. Mal og korriger salt og sukker. Kog frikadellerne i saucen i 10 minutter med laurbærbladet.

Skræl, skræl og skær gulerødder og champignon hver for sig. Steg dem i lidt olie i 2 minutter og kom dem i frikadellegryden.

RUND

For at gøre frikadelleblandingen mere velsmagende tilsættes 150 g hakket frisk iberisk bacon. Det er bedre ikke at presse for meget, når du laver kuglerne, så de bliver mere saftige.

OKSEKIND MED CHOKOLADE

INGREDIENSER

8 oksekind

½ liter rødvin

6 ounces chokolade

2 fed hvidløg

2 tomater

2 porrer

1 stilk selleri

1 gulerod

1 løg

1 kvist rosmarin

1 kvist timian

hvedemel

Oksebouillon (eller vand)

Olivenolie

Salt og peber

FORARBEJDNING

Krydr og brun kinderne i en meget varm gryde. Gå ud og book.

Skær grøntsagerne i brunoise og svits dem i den samme gryde, som kinderne blev stegt i.

Når grøntsagerne er møre tilsættes de revne cherrytomater og koges indtil de mister alt vandet. Tilsæt vinen, de aromatiske urter og lad det dampe af i 5 minutter. Tilsæt kinder og oksebouillon til dækning.

Kog til kinderne er meget møre, tilsæt chokoladen efter smag, bland og smag til med salt og peber.

RUND

Saucen kan rives eller efterlades med grøntsagsstykkerne hele.

SVINE CONFIT-TÆRTE MED SØD VINSAUCE

INGREDIENSER

½ pattegris, hakket

1 glas sød vin

2 kviste rosmarin

2 kviste timian

4 fed hvidløg

1 lille gulerod

1 lille løg

1 tomat

sød olivenolie

groft salt

FORARBEJDNING

Fordel pattegrisen på en bageplade og krydr på begge sider. Tilsæt presset hvidløg og krydderurter. Dæk med olie og kog ved 100 ºC i 5 timer. Lad den derefter køle af og udben den, fjern kød og skind.

Læg bagepapiret på en bageplade. Del svinekødet og læg skindet ovenpå (det skal være mindst 2 fingre tykt). Læg endnu et bagepapir og stil det på køl med en lille vægt ovenpå.

Tilbered imens en sort bouillon. Skær knoglerne og grøntsagerne i mellemstore stykker. Grill knoglerne ved 185°C i 35 min, tilsæt grøntsagerne på siderne og kog i yderligere 25 min. Tag ud af ovnen og dryp med vin. Kom det hele i en gryde og dæk med koldt vand. Kog i 2 timer ved meget lav varme. Afdryp og vend tilbage til varmen, indtil blandingen tykner lidt. Affedt.

Skær kagen i portioner og brun den i en varm pande med skindsiden nedad, til den er sprød. Kog i 3 minutter ved 180°C.

RUND

Det er mere trættende end svært, men resultatet er spektakulært. Det eneste trick for ikke at ødelægge slutningen er at servere saucen på siden af kødet og ikke ovenpå.

MÆRKET KANIN

INGREDIENSER

1 hakket kanin

80 g mandler

1 liter hønsebouillon

400 ml presserester

200 ml fløde

1 kvist rosmarin

1 kvist timian

2 løg

2 fed hvidløg

1 gulerod

10 safran tråde

Salt og peber

FORARBEJDNING

Hak, krydr og brun kaninen. Træk tilbage og reserver.

I samme olie steges gulerod, løg og hvidløg skåret i små stykker. Tilsæt safran og mandler og kog i 1 min.

Skru op for varmen og bad på gulvet. flamberet Tilsæt kaninen igen og drys med bouillon. Tilsæt timiankvistene og rosmarin.

Kog i cirka 30 minutter til kaninen er mør og tilsæt fløden. Kog yderligere 5 minutter og juster saltet.

RUND

Flamning forbrænder alkoholen af en spiritus. Når du gør det, skal du sørge for, at emhætten er slukket.

PEPITORIA FRIKKADELLER I HASSELNØDDSAUCE

INGREDIENSER

750 g hakket kød

750 g hakket svinekød

250 g løg

60 g hasselnødder

25 g stegt brød

½ liter hønsebouillon

¼ liter hvidvin

10 safran tråde

2 spsk frisk persille

2 spsk brødkrummer

4 fed hvidløg

2 kogte æg

1 frisk æg

2 laurbærblade

150 g olivenolie

Salt og peber

FORARBEJDNING

I en skål kombineres kødet, hakket persille, hakket hvidløg, rasp, æg, salt og peber. Mel og brun i en gryde ved medium-høj varme. Træk tilbage og reserver.

Brun forsigtigt løget og de andre 2 fed hvidløg i tern i samme olie. Drys med vinen og lad det reducere. Fugt med bouillon og kog i 15 min. Tilsæt frikadellerne til saucen med laurbærbladene og kog i yderligere 15 minutter.

Rist safran hver for sig og kværn den i en morter med det stegte brød, hasselnødderne og æggeblommerne, indtil du får en homogen pasta. Tilsæt til stuvningen og kog i yderligere 5 min.

RUND

Server med de hakkede æggehvider og lidt persille på toppen.

KALVKOTETELETTER MED SORT ØL

INGREDIENSER

4 oksebøffer

125 g shiitakesvampe

1/3 liter sort øl

1 dl kødbouillon

1dl fløde

1 gulerod

1 forårsløg

1 tomat

1 kvist timian

1 kvist rosmarin

hvedemel

Olivenolie

Salt og peber

FORARBEJDNING

Krydr og mel fileterne. Brun dem let i en pande med et skvæt olie. Gå ud og book.

Brun det hakkede løg og gulerod i samme olie. Når den er kogt tilsættes den revne tomat og koges indtil saucen er næsten tør.

Udblødt i øllet, lad alkoholen dampe af i 5 minutter ved middel varme og tilsæt bouillon, de aromatiske urter og fileterne. Kog i 15 minutter eller indtil de er møre.

Brun de fileterede svampe hver for sig ved høj varme og tilsæt dem til stuvningen. Smag til med salt.

RUND

Fileterne skal ikke overkoges, ellers bliver de meget seje.

MADRLETIAN CALLOS

INGREDIENSER

1 kg ren indmad

2 grisefødder

25 g mel

1 dl eddike

2 spsk paprika

2 laurbærblade

2 løg (heraf 1 klemt)

1 hoved hvidløg

1 chili

2 dl olivenolie

20 g salt

FORARBEJDNING

Blancher indmaden og grisetraverne i en gryde med koldt vand. Kog 5 min, når det begynder at koge.

Tøm og fyld igen med rent vand. Tilsæt hakket løg, rød peberfrugt, hvidløgshoved og laurbærblade. Tilsæt mere vand, hvis det er nødvendigt, så det dækker godt, og lad det simre, tildækket, i 4 timer, eller indtil trave og indmad er møre.

Når indmaden er klar, fjernes hakket løg, laurbærblad og chili. Fjern også benene, udben dem og skær dem i stykker på størrelse med en tarm. Læg det tilbage i gryden.

Brun separat det andet løg skåret i brunoise, tilsæt paprika og 1 spsk mel. Når det er pocheret, tilsættes det til gryderet. Kog i 5 minutter, tilsæt salt og tilsæt om nødvendigt tykkelse.

RUND

Denne opskrift får smag, hvis den tilberedes en dag eller to i forvejen. Du kan også tilføje kogte kikærter og få en grøntsagsret i top.

STIGT SVINELAM MED ÆBLER OG MYNTE

INGREDIENSER

800 g frisk svinekam

500 g æbler

60 g sukker

1 glas hvidvin

1 glas cognac

10 mynteblade

1 laurbærblad

1 stort løg

1 gulerod

Olivenolie

Salt og peber

FORARBEJDNING

Krydr lænden og brun den ved høj varme. Træk tilbage og reserver.

I denne olie steges det rensede og finthakkede løg og gulerod. Skræl og udkern æblerne.

Overfør det hele til en bageplade, dyp i alkoholen og tilsæt laurbærbladet. Bages ved 185°C i 90 minutter.

Fjern æbler og grøntsager og mos med sukker og mynte. Filet lænden og saucen med kogevæsken og server med æblekompotten.

RUND

Under tilberedningen tilsættes lidt vand til gryden for at forhindre lænden i at tørre ud.

KYLLINGEFRIKADELLER MED HINDBÆRSAUCE

INGREDIENSER

til frikadellerne

1 kg hakket kyllingekød

1dl mælk

2 spsk brødkrummer

2 æg

1 fed hvidløg

sherryvin

hvedemel

Hakket persille

Olivenolie

Salt og peber

Til hindbærsaucen

200 g hindbærsyltetøj

½ liter hønsebouillon

1½ dl hvidvin

½ dl sojasovs

1 tomat

2 gulerødder

1 fed hvidløg

1 løg

salt

FORARBEJDNING

til frikadellerne

Bland kødet med rasp, mælken, æggene, det meget finthakkede fed hvidløg, persillen og en dråbe vin. Smag til med salt og peber og lad hvile i 15 minutter.

Form små kugler med blandingen og før dem gennem mel. Brun dem i olie, og sørg for, at de er lidt rå indeni. Reserver olien.

Til den søde og sure hindbærsauce

Pil og skær løg, hvidløg og gulerødder i små tern. Brun i samme olie, som frikadellerne er brunet i. Smag til med en knivspids salt. Tilsæt tomaten skåret i små stykker uden skind eller kerner og kog til vandet fordamper.

Dryp med vinen og kog ind til det halve. Tilsæt sojasauce og bouillon og kog i yderligere 20 minutter, indtil saucen tykner. Tilsæt marmelade og frikadeller og kog i yderligere 10 minutter.

RUND

Hindbærmarmeladen kan erstattes af en anden af enhver rød frugt og endda marmelade.

Lammegryderet

INGREDIENSER

1 lammelår

1 stort glas rødvin

½ kop dåsetomater (eller 2 revet tomater)

1 spsk sød paprika

2 store kartofler

1 grøn peber

1 rød peberfrugt

1 løg

Oksebouillon (eller vand)

Olivenolie

Salt og peber

FORARBEJDNING

Hak, krydr og brun benet i en meget varm gryde. Gå ud og book.

Brun de hakkede peberfrugter og løg i samme olie. Når grøntsagerne er godt brune tilsættes en spiseskefuld paprika og tomaten. Fortsæt med at koge ved høj varme, indtil tomaten mister sit vand. Tilsæt derefter lammet igen.

Drys med vinen og lad det reducere. Dæk med kødbouillon.

Tilsæt cachelada kartoflerne (uskårne), når lammet er mørt, og kog til kartoflerne er kogte. Krydr med salt og peber.

RUND

For en endnu rigere sauce sauter du 4 piquillo peberfrugter og 1 fed hvidløg hver for sig. Bland med lidt gryderet bouillon og tilsæt til gryden.

hare civet

INGREDIENSER

1 hare

250 g svampe

250 g gulerødder

250 g løg

100 g bacon

¼ liter rødvin

3 spiseskefulde tomatsauce

2 fed hvidløg

2 kviste timian

2 laurbærblade

Oksebouillon (eller vand)

Olivenolie

Salt og peber

FORARBEJDNING

Skær haren og lad gulerødder, hvidløg og løg skåret i små stykker, vin, 1 kvist timian og 1 laurbærblad marinere i 24 timer. Når tiden er gået, drænes og opbevares vinen på den ene side og grøntsagerne på den anden.

Krydr haren med salt og peber, brun den ved høj varme og fjern den. Kog grøntsagerne ved middel-lav varme i samme olie. Tilsæt tomatsaucen og svits i 3 minutter. Returner haren. Fugt med vin og bouillon for at dække kødet. Tilsæt den anden kvist timian og det andet laurbærblad. Kog til haren er mør.

Brun imens bacon skåret i strimler og champignonerne skåret i kvarte og kom dem i stuvningen. Knus hver for sig harens lever i en morter og tilsæt den også. Kog i yderligere 10 minutter og smag til med salt og peber.

RUND

Denne ret kan laves med ethvert vildt og vil være mere velsmagende, hvis den tilberedes dagen før.

KANIN MED PIPERRADA

INGREDIENSER

1 kanin

2 store tomater

2 løg

1 grøn peber

1 fed hvidløg

sukker

Olivenolie

Salt og peber

FORARBEJDNING

Hak, krydr og brun kaninen i en gryde. Træk tilbage og reserver.

Skær løg, peber og hvidløg i små stykker og brun dem ved svag varme i 15 minutter i den samme olie, som kaninen blev kogt i.

Tilsæt tomaterne skåret i brunoise og kog over medium varme, indtil de mister alt vandet. Tilpas salt og sukker evt.

Tilsæt kaninen, sænk varmen, og kog i 15 til 20 minutter i en overdækket gryde, mens du rører af og til.

RUND

Zucchini eller auberginer kan tilføjes til piperradaen.

KYLLINGEFRIKADELLER FYLDT MED OST MED KARRYSAUCE

INGREDIENSER

500 g hakket kylling

150 g ost i tern

100 g rasp

200 ml fløde

1 glas hønsebouillon

2 spsk karry

½ spsk brødkrummer

30 rosiner

1 grøn peber

1 gulerod

1 løg

1 æg

1 citron

Mælk

hvedemel

Olivenolie

salt

FORARBEJDNING

Krydr kyllingen og bland med rasp, ægget, 1 spsk af karryen og rasperne udblødt i mælken. Form kugler, fyld dem med en terning ost og giv dem i mel. Steg og reserver.

I samme olie steges det hakkede løg, peber og gulerod. Tilsæt citronskal og kog i et par minutter. Tilsæt den anden spiseskefuld karry, rosiner og hønsebouillon. Tilsæt fløden når det begynder at koge og kog i 20 min. Smag til med salt.

RUND

Et ideelt tilbehør til disse frikadeller er champignon i kvarte, sauteret med et par hakket hvidløgsfed og skyllet ned med et godt strejf af Porto eller Pedro Ximénez.

PUDER MED RØDVIN

INGREDIENSER

12 svinekind

½ liter rødvin

2 fed hvidløg

2 porrer

1 rød peberfrugt

1 gulerod

1 løg

hvedemel

Oksebouillon (eller vand)

Olivenolie

Salt og peber

FORARBEJDNING

Krydr og brun kinderne i en meget varm gryde. Gå ud og book.

Skær grøntsagerne i bronoise og brun dem i den samme olie, som flæsket blev stegt i. Når de er kogt godt igennem, våd dem med vinen og lad dem dampe af i 5 minutter. Tilsæt kinder og oksebouillon til dækning.

Kog til kinderne er meget møre og hvis du vil fjerne saucen, så der ikke er flere stykker grøntsager.

RUND

Svinekød kinder tager meget kortere tid at tilberede end oksekød kinder. En anden smag opnås ved at tilføje en ounce chokolade til saucen.

SVIN NAVARRE

INGREDIENSER

2 hakkede lammeskank

50 g smør

1 tsk paprika

1 spsk eddike

2 fed hvidløg

1 løg

Olivenolie

Salt og peber

FORARBEJDNING

Skær lammebenene i stykker. Tilsæt salt og brun ved høj varme i en gryde. Gå ud og reserver.

Brun det finthakkede løg og hvidløg i samme olie i 8 minutter ved svag varme. Tilsæt paprikaen og svits yderligere 5 sekunder. Tilsæt lammet og dæk med vand.

Kog indtil saucen er reduceret og kødet er mørt. Tilsæt eddike og bring det i kog.

RUND

Den første bruning er vigtig, da den forhindrer saften i at slippe ud. Derudover giver det et sprødt touch og forstærker smagene.

OKSESTEV MED PEANUTSAUCE

INGREDIENSER

750 g benkød

250 g jordnødder

2 liter kødbouillon

1 glas fløde

½ glas brandy

2 spsk tomatsauce

1 kvist timian

1 kvist rosmarin

4 kartofler

2 gulerødder

1 løg

1 fed hvidløg

Olivenolie

Salt og peber

FORARBEJDNING

Hak, krydr og brun skinnebenet ved høj varme. Gå ud og book.

Brun løg, hvidløg og hakkede gulerødder i samme olie ved svag varme. Øg varmen og tilsæt tomatsaucen. Lad det reducere, indtil det mister alt sit vand. Drys med cognac og lad alkoholen fordampe. Tilsæt kødet igen.

Mos jordnødderne godt med bouillonen og kom det i gryden sammen med krydderurterne. Kog ved svag varme til kødet er næsten mørt.

Dernæst tilsættes kartoflerne, skrællet og skåret i almindelige firkanter, og fløden. Kog i 10 minutter og smag til med salt og peber. Lad hvile 15 minutter før servering.

RUND

Denne kødret kan serveres med rispilaf (se afsnittet Ris og Pasta).

BRÆNDT GRIS

INGREDIENSER

1 pattegris

2 spiseskefulde spæk

salt

FORARBEJDNING

For ører og hale med aluminiumsfolie, så de ikke brænder på.

Arranger 2 træskeer på en bageplade og læg pattegrisen med forsiden opad, så den ikke rører ved bunden af beholderen. Tilsæt 2 spsk vand og kog ved 180°C i 2 timer.

Opløs saltet i 4 dl vand og mal indersiden af sugekoppen hvert 10. minut. Vend det i det øjeblik og fortsæt med at male med vand og salt, indtil tiden er gået.

Smelt smørret og mal skindet. Hæv ovnen til 200°C og bag i yderligere 30 minutter eller indtil skindet er gyldent og sprødt.

RUND

Få ikke saften på din hud; det vil få det til at miste sit knas. Anret saucen i bunden af fadet.

STEGT KÅL

INGREDIENSER

4 led

½ kål

3 fed hvidløg

Olivenolie

Salt og peber

FORARBEJDNING

Dæk benene med kogende vand og kog i 2 timer eller indtil de er helt møre.

Tag dem op af vandet og kog dem med et skvæt olie ved 220°C til de er gyldne. Sæson.

Skær kålen i tynde strimler. Kog i rigeligt kogende vand i 15 min. At dræne.

Brun imens det hakkede hvidløg i lidt olie, tilsæt kålen og brun. Smag til med salt og peber og server med de ristede ben.

RUND

Skanken kan også laves i en meget varm stegepande. Brun dem godt på alle sider.

JAGT KANIN

INGREDIENSER

1 kanin

300 g svampe

2 glas hønsebouillon

1 glas hvidvin

1 kvist frisk timian

1 laurbærblad

2 fed hvidløg

1 løg

1 tomat

Olivenolie

Salt og peber

FORARBEJDNING

Hak, krydr og brun kaninen ved høj varme. Gå ud og reserver.

Svits det hakkede løg og hvidløg i samme olie i 5 minutter. Øg varmen og tilsæt revet tomat. Kog til der ikke er mere vand.

Tilsæt kaninen igen og bad i vinen. Lad det reducere og saucen er næsten tør. Hæld bouillon i og kog med de aromatiske urter i 25 minutter eller til kødet er mørt.

Svits imens de rensede og smuldrede svampe på en varm pande i 2 min. Smag til med salt og tilsæt til gryderet. Kog i yderligere 2 minutter, juster salt om nødvendigt.

RUND

Du kan lave den samme opskrift med kylling eller kalkun.

MADRID KAVESKALA

INGREDIENSER

4 oksebøffer

1 spsk frisk persille

2 fed hvidløg

Mel, æg og rasp (til overtræk)

Olivenolie

Salt og peber

FORARBEJDNING

Hak persille og hvidløg fint. Bland dem i en skål og tilsæt rasp. At slette.

Krydr fileterne med salt og peber og drys i blandingen af mel, sammenpisket æg og hvidløg-persille rasp.

Tryk med hænderne, så paneringen hæfter godt og brun i rigeligt varm olie i 15 sekunder.

RUND

Striml fileterne med en hammer, så fibrene går i stykker og kødet bliver mere mørt.

KANINSAUCE MED SVAMPE

INGREDIENSER

1 kanin

250 g årstidens svampe

50 g smør

200 g bacon

45 g mandler

600 ml hønsebouillon

1 glas sherry

1 gulerod

1 tomat

1 løg

1 fed hvidløg

1 kvist timian

Salt og peber

FORARBEJDNING

Hak og krydr kaninen. Brun den ved høj varme i smørret med bacon skåret i stave. Gå ud og book.

Brun det hakkede løg, gulerod og hvidløg i samme fedtstof. Tilsæt de hakkede svampe og kog i 2 min. Tilsæt den revne tomat og kog til den mister sit vand.

Tilsæt igen kaninen og baconen og læg vinen i blød. Lad det reducere og saucen er næsten tør. Fugt med bouillon og tilsæt timian. Lad det simre i 25 minutter eller indtil kaninen er mør. Komplet med mandlerne på overfladen og smag til med salt.

RUND

Du kan bruge tørrede shiitakesvampe. De har mange smage og aromaer.

IBERISK SVINERIB MED HVIDVIN OG HONNING

INGREDIENSER

1 iberisk svinekotelet

1 glas hvidvin

2 spiseskefulde honning

1 spsk sød paprika

1 spsk hakket rosmarin

1 spsk hakket timian

1 fed hvidløg

Olivenolie

Salt og peber

FORARBEJDNING

I en skål lægger vi krydderierne, revet hvidløg, honning og salt. Tilsæt ½ kop olie og bland. Spred ribbenene med denne blanding.

Steg ved 200°C i 30 minutter med kødsiden nedad. Vend, pensl med vin, og kog yderligere 30 minutter, eller indtil ribbenene er gyldenbrune og møre.

RUND

For at smagene trænger mere ind i ribbenene, er det bedst at marinere kødet dagen før.